Andy Gravette

KUBA

KÖNEMANN

Originalausgabe 1996 erschienen bei
New Holland (Publishers) Ltd

Originaltitel:
Globetrotter Travel Guide Cuba

Umschlaggestaltungen: Peter Feierabend
Übersetzung aus dem Englischen:
Diethelm Hofstra
Redaktion und Satz:
Lesezeichen Verlagsdienste, Köln
Projektkoordination: Kristina Meier
Assistenz: Dorit Esser
Recherche: Astrid Roth
Herstellungsleiter: Detlev Schaper
Druck und Bindung: Sing Cheong Printing
Printed in Hong Kong / China
ISBN 3-89508-864-1

Alle in diesem Buch enthaltenen Angaben sind ohne
Gewähr. Sie wurden nach bestem Wissen erstellt
und mit größtmöglicher Sorgfalt überprüft.
Ergänzende Anregungen, für die wir jederzeit
dankbar sind, bitten wir zu richten an:
Könemann Verlagsgesellschaft mbH
Bonner Str. 126, D-50968 Köln.

INHALT

1
Kuba stellt sich vor

Wenn von Kuba die Rede ist, denken viele spontan an Fidel Castro, Kommunismus, Zigarren und die Kubakrise von 1962. Natürlich ist all dies vom modernen Kuba nicht zu trennen, und doch kommen auch Touristen, welche vor allem an die Attraktionen denken, die die geheimnisvolle und ungewöhnlich schöne Insel im Überfluß zu bieten hat: karibische Sonne, traumhafte Strände, Bergwälder und faszinierende Kolonialarchitektur.

Kuba unterscheidet sich von den anderen karibischen Inseln. Der von Hemingway und Greene so anschaulich beschriebene Lebensstil lebt fort, doch auch Geschichten von Piratenschätzen und den heroischen Eskapaden der Märtyrer und Revolutionäre machen die Runde. Noch immer ziehen wilde Viehherden zwischen rumpelnden amerikanischen Automobilen der 1950er Jahre dahin, Tanz und exotische Musik kommen vor der Kulisse unaufdringlicher Modernität höchsten Standards zur Aufführung, und unweit von isoliert gelegenen Korallenbänken wiegen sich an Berghängen die Palmen im Wind.

Draußen auf dem Land wechseln sich Zucker-, Tabak-, Gemüse- und Zitrusplantagen mit wunderlichen Felsformationen, hohen Gebirgsketten und endlos erscheinenden sandigen Küstenstrichen ab. Unzählige architektonische Schmuckstücke sowie der hohe Entwicklungsstand, der sich in jüngster Zeit in den zahlreichen Ferienanlagen herausgeprägt hat, locken viele Besucher an. Die sich zu einem neuen Reiseziel entwickelnde Insel Kuba besitzt ein grenzenloses Potential an Überraschung, Herausforderung und bezaubernder Schönheit.

HAUPTATTRAKTIONEN

*** **Havannas Altstadt:** imposante Forts, Kirchen und Wohnhäuser im Kolonialstil
*** **Trinidad de Cuba:** architektonisches Juwel, faszinierende historische Stadt
*** **Tal von Viñales:** schöne bizarre Landschaftsformen
** **Santiago de Cuba:** zweite historische Stadt der Insel und Geburtsort der Nation
** **Playa Varadero:** schönster Strand der Karibik
* **Isla de la Juventud:** eines der besten Tauchgebiete der Karibik

Gegenüber: *Der silberweiße Sandstrand von Varadero.*

Unten: *Die erst kürzlich eröffnete Ferienanlage Cayo Coco wartet an der Nordküste mit neuen Attraktionen für sonnenhungrige Gäste auf.*

DAS LAND

Der lange und schmale Staat Kuba, dessen äußere Form an einen Alligator erinnert, ist die größte Insel der Karibik und die siebtgrößte Insel der Welt. Die Lage im Norden des **Karibischen Meeres**, unmittelbar unter dem Wendekreis des Krebses, entspricht dem Breitengrad Hawaiis und Hongkongs. Der »Schwanz« der Insel überbrückt den Raum zwischen der 145 km nördlich gelegenen Südspitze Floridas und der 210 km entfernten mexikanischen Halbinsel Yucatan. **Haiti** liegt nur 77 km östlich vor dem »Maul« des Alligators. Zur Inselgruppe Kuba gehören neben der Hauptinsel noch die **Isla de la Juventud** sowie 1600 kleinere Eilande und Sandinseln.

Berge und Flüsse

Vor Jahrtausenden schoben sich drei große Inseln zu einer einzigen zusammen: Kuba. Vier Gebirgszüge zergliedern die ansonsten flache Insel. Die höchste Kette **Sierra Maestra** dominiert den Südzipfel des Landes, während das Massiv **Alturas de Baracoa** über dem Osten thront. Im südlichen Mittelteil der Insel erhebt sich das **Escambray-Gebirge**, und im äußersten Westen des Landes beherrscht die **Cordillera de Guaniguanico** die Landschaft. Die geschwungenen Hügellandschaften und die weiten, flachen Ebenen zwischen den Gebirgen bieten äußerst abwechslungsreiche Panoramen und Vegetationen.

Sumpfland, Sandbänke und Riffe zergliedern die lange Küstenlinie; Flüsse, Seen und Stauseen prägen im Inselinneren die Landschaft. Kubas längster Fluß **Río Cauto** fließt 370 km weit durch den Südosten der Insel. Obwohl gesicherte Wasserquellen auf Kuba eher knapp sind, ist der Boden erstaunlich fruchtbar – selbst Zaunpfähle aus Pinienholz treiben manchmal aus und blühen sogar.

Meere und Küsten

Nur Kuba kann sich rühmen, Küsten am Atlantischen
Ozean, Golf von Mexiko und Karibischen Meer zu besitzen.
Mit knapp 4 000 km hat die Insel eine längere Küstenlinie
als alle anderen Inseln der Karibik zusammen. 300
Sandstrände, zahlreiche kleine Inseln und Korallenbänke
sowie Riffe und ebenso große wie abgelegene Buchten prägen das Küstenbild. Viele taschenförmige Buchten – unter
anderem die von Havanna – sind perfekte Naturhäfen.

Klima

Aufgrund der subtropischen Lage ist es in Kuba ganzjährig
feuchtwarm. Zwischen Juni und August kann es heiß und
sehr schwül sein. Abgesehen von kurzen, heftigen tropischen Regenfällen zeigt sich der Himmel in klarem Blau,
und das Land erstrahlt im typischen Sonnenschein der
Karibik. Die Temperaturen liegen im Jahresdurchschnitt bei
25 °C, die Luftfeuchtigkeit liegt bei 75%. Während der Trok-
kenzeit (*La Seca;* Nov–Apr) können die Temperaturen auf
17 °C fallen, erreichen aber in der heißen Jahreszeit (*El
Calor;* Mai– Okt) einen Mittelwert von 32 °C.

  Es regnet durchschnittlich an 8,5 Tagen im
Monat, doch wie in allen subtropischen Gebieten
dauern die heftigen Niederschläge nur kurze Zeit,
um schon bald der Sonne wieder zu weichen, die
rasch die Straßen und Gehwege trocknet.

  In Kubas Norden und der Umgebung von Havanna herrscht durch die beständig vom Golf von
Mexiko hereinwehenden Bri-
sen ein kühleres Klima als im
Süden. Das wird besonders in
der Provinz Santiago offen-
sichtlich, in der es immer
deutlich heißer ist als in Havanna. Vorherrschende Wind-
richtung ist die des Nordost-
passats. Die Wassertempera-
tur des Meeres sinkt zwischen
April und Dezember selten
unter 24 °C.

Unten: *Daiquiri Beach zu
Füßen des Höhenzuges
Sierra Maestra und seiner
bewaldeten Hänge.*

VERGLEICHENDE KLIMATABELLE	HAVANNA				TRINIDAD				SANTIAGO			
	Win	Frü	Som	Her	Win	Frü	Som	Her	Win	Frü	Som	Her
	Jan	Apr	Jul	Okt	Jan	Apr	Jul	Okt	Jan	Apr	Jul	Okt
MAX. TEMP. °C	26	28	31	29	27	29	32	30	28	29	33	30
MIN. TEMP. °C	17	20	24	19	18	23	26	22	18	23	27	26
SONNENSTUNDEN	8	9	8	7	8	9	9	9	8	9	9	9
NIEDERSCHLAG mm	60	50	83	93	50	60	83	83	43	50	67	77

Pflanzenwelt

Kuba ist ein grünes Land. Vor einigen Jahrhunderten bedeckten dichte Wälder 90% der Insel, doch weite Gebiete wurden gerodet, um großen Zuckerrohrplantagen Platz zu machen. Heute reicht die Vegetation von dichtem, halbtropischem Dschungel über Bergwald und lichten Baumbestand bis hin zu ausgedehnten Savannen, Wiesenlandschaften, Wüstengebieten und Sumpfland. Eine faszinierende Vielfalt von Bäumen und Pflanzen ummantelt ungewöhnliche geologische Formationen, wie die eigenartigen Kalksteinauswaschungen namens *mogote* im Westen des Landes. Üppige Mangrovenbestände prägen das Bild der sumpfigen Halbinsel Zapata. An steilen Berghängen wachsen wertvolle Edel- oder Harthölzer wie Guajak, Mahagoni und Teak, im Hügelland gedeihen Pinienwälder, und hohe Palmen rekken ihr Haupt hoch über Bambushaine und Marabudickicht. Noch immer werden Harthölzer und Pinien gefällt, doch es gibt auch ein umsichtiges Aufforstungsprogramm. In den Bergwäldern gedeihen Orchideen und andere Scheinschmarotzer, neben den Straßen wachsen Hibiskus und Oleander, und zu den exotischen Obstbäumen gehören *zapote* und *guanábano*.

Tierwelt

Auf Kuba leben einzigartige Tierarten. In Höhlen stößt man auf die kleinste Fledermaus der Welt, **Mariposa,** und 1974 wurde das kleinste Säugetier der Erde, **Almiquí,** das man für längst ausgestorben hielt, wiederentdeckt. Diese Spezies, die mit dem Elefanten verwandt ist, ist 70 Millionen Jahre alt. Seit Hausschweine aus der Haltung von Piraten entkamen, durchstreifen **Wildschweine** die Landschaft und werden neben **Hirschen, Rehen** und **Kaninchen** gejagt.

Kuba ist die Heimat von über 60 Reptilienarten: An verschiedenen Plätzen lassen sich große Gruppen von **Leguanen** beobachten, es gibt 14 **Schlangenarten** (von denen keine giftig ist), und auch **Krokodile** und **Alligatoren** leben hier. Am häufigsten ist das Amerikanische Graukrokodil, dessen kubanische Verwandte mittlerweile selten geworden sind. Auch **Kaimane** bevölkern Kubas Gewässer. Erwähnung verdient der seltsame **Manjuari**, der halb Fisch und halb Reptil ist und bis zu 1,5 m groß werden kann. Diese Spezies hat sowohl Lungen als auch Kiemen sowie scharfe Zähne. Wassermolche, Frösche und Kröten – unter anderem die kleinste amphibische Kreatur der Erde, **Axolotl** – sind häufig zu sehen. Sechs **Schildkrötenarten** haben die küstennahen Gewässer zu ihrem Lebensraum gewählt; in fast allen Süßwasserseen der Insel findet man **Sumpfschildkröten.**

In Kuba wurden bislang 388 Vogelarten nachgewiesen. Als Christoph Kolumbus 1492 Kubas Küste erreichte, vermerkte er in seinem Bordbuch, den Gesang einer Nachtigall gehört zu haben. Kubas Nationalvogel ist der Trogons (*tocororo*), dessen blau-rot-weißes Gefieder sich in den Farben der Nationalflagge spiegelt. Einer der seltensten Vögel Amerikas ist der Schnabelspecht, den man bis zu seiner Wiederentdeckung in Ostkuba für ausgestorben gehalten hatte. Die Insel ist auch die Heimat des Hummelkolibris *Zunzuncito*, dem mit 63 mm Körperlänge kleinsten Vogel der Welt. Den Lebensraum auf der sumpfigen Halbinsel Zapata teilen sich Rallen, Zaunkönige und Sperlinge mit der Kuba-Amazone, dem Karibischen Fliegenschnäpper, dem Mittelamerikanischen Kuckuck und dem Kubanischen Grünpapagei. Auch der Sijú sollte erwähnt werden, der den Kopf wie eine Eule um 360° drehen kann.

Oben: In Guamá leben 40 000 amerikanische Graukrokodile und kubanische Krokodile.
Gegenüber: Ein Jigue-*Baum markiert die Stelle, an der 1514 Trinidad de Cuba gegründet wurde.*

WEICH- UND KRUSTENTIERE

Kuba ist der einzige Lebensraum der außergewöhnlichen **Polymita-Schnecke** *(helix picta),* deren bunt gestreiftes Gehäuse die Kubaner zu vielen Designs inspiriert hat. An den Küsten und in den Korallenriffen findet man zahlreiche **Muschelarten**, die oft Grundlage für Suppen oder Eintopfgerichte sind.

Das begehrteste Krustentier dürfte der **Hummer** (oder richtiger: die Languste) sein. Die Tiere werden heute in riesigen Anlagen entlang der Küste gezüchtet.

Unten: *Die mit Palmfasern gedeckten Häuser heißen* bohío.

GESCHICHTLICHER ÜBERBLICK
Frühe Bewohner

Über 6 000 Jahre bevor die ersten Europäer Kuba entdeckten, hatte sich ein amero-indianischer Stamm namens **Guanahatabey,** dem die Keramikherstellung noch unbekannt war, im westlichen Inselteil niedergelassen. Weiter östlich besiedelten die amerikastämmigen **Taínos** nach und nach den größten Teil der Insel, jedoch nicht die Küstengebiete, welche von den **Siboneys** (Ciboney) bewohnt wurden, einer mysteriösen Rasse, die entweder aus den Sumpfgebieten Floridas, dem Mississippidelta oder aus Yucatan nach Kuba gekommen war. Die Taínos, ihrem Ursprung nach Arawaken, wanderten im 3. Jh. unserer Zeitrechnung aus dem Flußdelta des Orinoco im Nordosten Südamerikas über die karibischen Inseln bis nach Kuba. Eine zweite Wanderungswelle erreichte Kuba in der Mitte des 15. Jh. – vermutlich im Zuge der Verfolgung der Siboneys und Taínos durch kannibalische **Karaiben.**

Die Siboneys und Taínos waren friedfertige Völker mit unterschiedlicher Lebensweise. Die Siboneys lebten in Höhlen an der Küste und ernährten sich vom Jagen, Fischen und Sammeln. Die Taínos lebten auf einer höheren Entwicklungsstufe: Sie bauten Hütten (*bohíos*), wohnten in Dörfern, betrieben Landwirtschaft, stellten Tongefäße her und hatten eine Religion. Die Guanahatabey im Westen unterlagen hingegen dem Einfluß der Mayastämme von der mexikanischen Halbinsel Yucatán.

Das Ostindien des Kolumbus

Am 29. Oktober 1492 landete Christoph Kolumbus an der Nordküste Kubas. Bei einer Expedition ins Inselinnere begegnete er den Taíno-Indianern. Er sah sie durch ein gespaltenes Rohr *cohiba* (das lokale Wort für

Tabak) rauchen, beobachtete sie beim *batos*-Spiel (dem Vorläufer des Baseball) und beschrieb ihre Boote, die *Kanus*. Es wurden Geschenke ausgetauscht: Die Spanier gaben Glocken, die Taínos Gold. Die Eingeborenen bereiteten ein Festessen namens *barbecue*, sprachen von einem Sturm namens *hurrican* und berichteten von *coyaba*, ihrem Himmel.

Im Glauben, den Seeweg nach Ostindien gefunden zu haben, setzte Kolumbus die Segel zu weiteren Entdeckungen. Er kam noch zweimal wieder, 1493 und 1502. Doch die Insel blieb ungestört, bis die **Spanier** 1510 unter dem Konquistador **Diego de Velázquez** eintrafen, um einen Stützpunkt auf Kuba zu errichten. 1512 hatte Velázquez eine dauerhafte Siedlung in **Baracoa** an Kubas Nordostküste aufgebaut, der er den Namen Nuestra Señora de la Asunción gab. Innerhalb der nächsten vier Jahre entstanden weitere Stützpunkte: im Osten **Bayamo** (1513), **Nuestra Señora de la Santísima Trinidad** (1514), **Sancti Spíritus** (1514) und **Santiago de Cuba** (1514), an der Nordküste **Puerto Príncipe** (1515) und **San Cristóbal de la Habana** (1515). In der Erwartung, noch mehr Gold zu entdecken, hatten die Spanier Kubas wenige Edelmetallvorkommen schon bald ausgebeutet. Die Spanier versklavten die Taínos, und es kam immer wieder zu Scharmützeln zwischen Eingeborenen und Kolonisatoren, die ihren Höhepunkt in der Gefangennahme **Hatueys** fanden, einem Führer der Widerstandsbewegung. Vor die Wahl zwischen Annahme des Christentums oder Tod gestellt, entschied sich Hatuey für letzteres und wurde daraufhin auf dem Scheiterhaufen verbrannt. Kuba hatte seinen ersten Märtyrer, und die Amero-Indianer waren dem Untergang geweiht.

DIE ERSTEN KANUS

Als Kolumbus Kuba erreicht hatte, berichtete er von einer amero-indianischen Besonderheit: dem Kanu. Seinem Tagebuch zufolge sah er mehrere Kriegskanus, die von bis zu 100 Männern gerudert wurden und die Geschwindigkeit seines Schiffes *Santa María* unter vollen Segeln erreichten. Die Amero-Indianer bauten ihre Kanus, indem sie die Stämme riesiger Bäume mit scharfkantigen Muscheln und Steinäxten aushöhlten und mit erhitzten Steinen weiteten. Nachdem die Seiten des Kanus mit Holzbohlen bestückt waren, war das Boot seetüchtig. Die Kanus ermöglichten auch den Handel zwischen Kuba, Mexiko und den karibischen Inseln.

Oben: *Entlaufene Sklaven suchten in den Höhlen der Insel Zuflucht.*

Das Tor zur Neuen Welt

Sklaverei, Krankheiten, Verfolgungen, Völkermord und Massenselbstmorde dezimierten Kubas amero-indianische Bevölkerung rasch. Der Nachschub an Gold zerrann, und die habgierigen Spanier wandten sich nach Mexiko und Südamerika. Die Zurückgebliebenen lebten von der Landwirtschaft, doch schon bald flossen aus den neu entdeckten Gebieten ungeheure Mengen erbeuteten Goldes sowie Silber und Edelsteine heran. Die Schiffe der spanischen Schatzflotte *(flotas)* wurden von Piraten ausgeplündert und auf dem Weg nach Europa im strategisch günstigen **Havanna** – dem Tor zur Neuen Welt – repariert und neu beladen.

Seit dem frühen 16. Jh. litten Havanna und die meisten anderen frühen Siedlungen unter beständigen Übergriffen berüchtigter Seeräuber und sogenannter »Seewölfe«, die die Karibik durchstreiften, doch trotz wiederholter Verwüstungen und Plünderungen gelang es den Kubanern, sich zu erholen und wirtschaftlich aufzublühen.

ZEITTAFEL

3500 v. Chr. In Kuba leben die amero-indianischen Stämme Siboney und Guanahatabey von der Nordküste Südamerikas
1200 n. Chr. Taíno ergreifen Besitz von Süd- und Zentral-Kuba
1492 Erste Europäer kommen unter Kolumbus mit den Schiffen *Niña, Pinta* und *Santa María*
1512 Diego de Velázquez gründet in der Nähe von Baracoa die erste europäische Siedlung
1514 Spanier gründen Kubas erste Hauptstadt Santiago de Cuba
1558 Das 1519 gegründete Havanna wird neue Hauptstadt
1762 Engländer erobern Havanna, halten Kuba 11 Monate besetzt und tauschen es gegen Florida
1791 30000 aus Haiti vertriebene frz. Zuckerpflanzer erreichen Kuba

1837 Erste Eisenbahnlinie in Kuba
1868 Carlos Manuel de Céspedes führt seine Arbeiter in einen zehnjährigen Unabhängigkeitskrieg gegen die Spanier
1880 Kuba schafft die Sklaverei ab
1895 Beginn des zweiten Unabhängigkeitskrieges; José Martí wird getötet
1898 Das US-Kriegsschiff *Maine* explodiert im Hafen von Havanna, Amerika greift in den kubanisch-spanischen Krieg ein
1902 Am 20. Mai wird die Republik Kuba ausgerufen
1920 »Tanz der Millionen«, Rekordzuckerernte und wirtschaftliche Blütezeit
1953 Revolutionäre unter Fidel Castro greifen die Moncada-Kaserne in Santiago de Cuba an

1956 81 Revolutionäre landen mit der Jacht *Granma* in Las Coloradas an Kubas Südküste
1959 Castro zieht triumphierend in Havanna ein
1961 CIA-unterstützte Invasion in der Schweinebucht wird zurückgeschlagen
1962 »Kubakrise«; zur Stationierung in Kuba vorgesehene sowjetische Waffen werden zurück in die UdSSR gebracht
1990 Nach Einstellung der sowjetischen Hilfe beginnt die »Sonderperiode in Friedenszeiten«
1993 Erste direkte, geheime Wahl, alle PCCC-bestimmte Kandidaten mit über 50% gewählt
1996 Fünfte Verurteilung des US-Embargos gegen Kuba durch die UNO

Sklaven und Zuckerrohr

Havanna war 1762 eine leichte Beute für die **Briten.** Im Zuge der Streitereien zwischen Frankreich, England und den Niederlanden um einen Anteil an den karibischen Handelsrouten nahm Admiral Lord Rodney die Stadt ein. Die Besatzung dauerte weniger als ein Jahr. Damals war **Zucker** zu einem Haupthandelsgut geworden, und die Pflanzer im Hinterland wurden wohlhabend. Ihr wachsender Reichtum aber gründete sich nicht nur auf das weiße Gold, sondern auch auf das schwarze: den **Sklavenhandel.**

Noch vor Ende des 16. Jh. war **Tabak** zu einer wichtigen Handelsware geworden, deren Bedeutung im späten 17. Jh. von **Kaffee** und **Kakao** überflügelt wurde. Ende des 18. Jh. führte Spanien in Kuba den Freihandel ein. Die Ernten konnten nun direkt an andere Staaten verkauft werden, und die Zahl der Sklaven auf den Zuckerrohrplantagen stieg auf 500 000. Gegen Ende jenes Jahrhunderts flohen 30 000 französische Pflanzer vor dem erfolgreichen Sklavenaufstand in Toussaint l'Ouverture aus dem benachbarten Haiti und überschwemmten Kubas Südküste. In den 1790er Jahren war Zucker endgültig zu Kubas wichtigstem Produkt geworden. 50 % der Waldflächen des Landes wurden abgeholzt, um Raum für Zuckerrohrfelder zu schaffen. Seit damals ist Kuba der größte Zuckerproduzent der Welt. Der wirtschaftliche Reichtum der Insel begann das Interesse des großen Nachbarn **USA** zu wecken, und über die Jahre wurde das Wort »Zuckerbourgeoisie« zum Inbegriff des opulenten Lebensstils einer Handvoll unvorstellbar reicher Zuckerbarone.

Die Unabhängigkeitskriege

Nach verschiedenen Sklavenaufständen in der ersten Hälfte des 19. Jh. trieb die Tyrannei der spanischen Unterdrücker das kubanische Volk Mitte des Jahrhunderts zur offenen Revolte. Der wohlhabende Plantagen- und Grundbesitzer **Carlos Manuel de Céspedes** lehnte sich gegen die spanische Herrschaft auf und trainierte seine Plantagenarbeiter im Umgang mit der Machete (Langmesser zum Schneiden von Zuckerrohr) als Waffe.

ACHTER

Der »Achter« war eine spanische Silbermünze im Wert von acht *reales.* Die Münzen wurden in Havanna aus geplündertem Aztekensilber geprägt und dann von großen Flotten, den *flotas,* nach Spanien gebracht. Die größte Silberflotte der Geschichte verließ 1715 den Hafen von Havanna und sank in einem Sturm vor Florida. Ein Teil der sieben Mio. Achter und vielen tausend Silberbarren ist gefunden worden, doch wesentlich mehr wird noch auf dem Meeresgrund vermutet. Eine typische Galeone der damaligen Zeit war die *Nuestra Señora de Atocha,* die 1622 vor Florida sank. Sie hatte 255 000 Achter, 901 Silberbarren à 35 kg, 161 Goldbarren und ein Vermögen an geraubten Kunstschätzen, Juwelen und Perlen an Bord.

Unten: *Im Agrarstaat Kuba wachsen vorwiegend Zuckerrohr, Tabak und Obst.*

KUBAS FRÜHE HELDEN

• Der Plantagenbesitzer **Carlos Manuel de Céspedes** ließ 1868 seine Sklaven frei, bewaffnete sie und führte sie in den ersten Unabhängigkeitskrieg gegen die Spanier. Er wurde zum ersten Präsidenten der Republik und fiel am 27. Februar 1874 in der Schlacht von San Lorenzo.
• **Máximo Gómez** kam Mitte des 19. Jh. mit der spanischen Armee nach Kuba. Er schlug sich auf die Seite der Revolutionäre, kämpfte an Céspedes Seite im ersten Unabhängigkeitskrieg und war im zweiten General. Er starb 1905.
• **Antonio Maceo**, der »Bronzene Titan«, kämpfte im ersten Unabhängigkeitskrieg an der Seite von Céspedes und Gómez. Nach siebenjährigem Exil in Costa Rica kehrte er mit seinem Bruder **José** zurück, um sich im zweiten Unabhängigkeitskrieg Martí anzuschließen. Er kämpfte in über 900 Gefechten und starb am 7. Dezember 1896.

Unten: *Die imposante Statue des Antonio Maceo.*

1868 führte Céspedes seine *mambises* (afrik. Wort für »Brut der Geier«, das die Spanier als beleidigendes Schimpfwort benutzten) in einen zehn Jahre währenden **Unabhängigkeitskrieg** gegen die Kolonialherren, in dem 250 000 Kubaner und 80 000 Spanier den Tod fanden. Der Krieg führte zum Zusammenschluß von schwarzen Sklaven und Weißen, die für ein freies Kuba kämpften. Aus der ersten von drei Revolutionen, die die Insel erlebte, gingen ihre frühen Nationalhelden hervor: der »bronzene Titan« (so genannt wegen seiner Körpergröße und Hautfarbe) **Antonio Maceo**, dessen Bruder **José** und **General Máximo Gómez**.

Die Lage entspannte sich ab 1878, und 1880 wurde die Sklaverei in Kuba offiziell abgeschafft. In Scharen strömten nun Amerikaner, die leichte Gewinne witterten, auf die Insel, um weite Landflächen aufzukaufen. Auch die amerikanischen Politiker begannen habgierig nach Kuba zu schielen, wo ihnen die Unterstützung der reichen Zuckerbarone sicher war, da deren Absatz zu über 50 % in die USA floß.

Doch erneut formierten sich revolutionäre Kräfte – diesmal unter der Führung eines herausragenden Gelehrten: **José Martí**. 1895 führten Martí, Maceo und **General Calixto García** Kuba in den zweiten Unabhängigkeitskrieg gegen die Spanier. Als diese 1898 vor der Niederlage standen, schürte der Zeitungskrösus **William Randolph Hearst** den amerikanischen Groll gegen den Umgang der Spanier mit den Kubanern. Als Zeichen ihrer Unterstützung für die Revolutionäre entsandten die USA den Kreuzer *Maine* nach Havanna. In dessen Hafen explodierte das Schiff unter Verlust zahlreicher Menschenleben im Februar 1898 aus niemals geklärter Ursache. Amerika hatte einen Anlaß zum Krieg. **Theodore Roosevelt** schickte 6 000 amerikanische Soldaten gegen 700 spanische Verteidiger ins Feld. Spaniens Flotte wurde in der Bucht von Santiago, seine Armee in Santiago de Cuba in die Flucht geschlagen. Die 400jährige spanische Herrschaft über Kuba war beendet. Martí und Maceo opferten ihr Leben für den Kampf um die Freiheit.

Marionettenpräsidenten und Unterdrückung

Nach der amerikanischen Intervention wehte 1898 über Santiago nicht die kubanische, sondern die amerikanische Flagge. Das 1901 formulierte **Platt Amendment** ermächtigte die USA, bei jeglicher militärischen Aktivität zu intervenieren. Große amerikanische Gesellschaften hielten Einzug, und in Guantánamo, im Osten der Insel, wurde ein amerikanischer Marinestützpunkt errichtet.

Als **Estrada Palma** 1902 erster »Marionettenpräsident von Amerikas Gnaden« wurde, begann für das kubanische Volk eine neue Phase der Unterdrückung. Die Zuckerpreise aber stiegen, da die Zuckerrübenernten in Europa während des Ersten Weltkrieges ausblieben. Kuba erlebte eine wirtschaftliche Blütezeit, die als »Tanz der Millionen« in die Geschichte einging.

Oben: Eine Büste des Nationalhelden José Martí.

1924 ergriff der »Schlächter« **Gerardo Machado** die Macht, und im gleichen Jahr wurde die Kommunistische Partei Kubas gegründet. 1930 konnte Machado einen Studentenaufstand noch unerbittlich niederwerfen, doch 1933 schwächte ihn ein Generalstreik, ehe **Fulgencio Batista** 1934 mit einem Putsch die Macht an sich riß. Mit amerikanischer Rückendeckung behielt er sie für die nächsten 25 Jahre.

Nach dem Zweiten Weltkrieg strömten in den 1940er und 1950er Jahren Amerikaner nach Havanna, wo ein breites Unterhaltungsangebot lockte, das von Casinos über dubiose Nachtclubs reichte. Die Kriminalität stieg, Prostitution, Erpressung, illegaler Handel mit Alkohol und Drogen sowie eine betrügerische Staatslotterie blühten. Der Staat und besonders Batista beuteten im abgekarteten Spiel mit Mafia-Organisationen den Tourismus aus, während sich die Lebensqualität der einfachen Bevölkerung rapide verschlechterte. Als die Arbeitslosigkeit ausuferte und Bildungs- und Gesundheitswesen am Boden lagen, unterstrichen Patrioten und unzufriedene Studenten ihren Protest mit Demonstrationen und Bombenanschlägen.

> ### VATER DER REVOLUTION
>
> **José Martí** genießt die höchste Verehrung als Nationalheld, denn er gilt als intellektueller Vorvater der Revolution von 1959. Der am 28. Januar 1853 geborene Martí brachte seine beträchtlichen akademischen Fähigkeiten in den Kampf gegen die spanische Herrschaft ein, bis er 1871 ins Exil geschickt wurde. Nachdem er sich gegen eine amerikanische Präsenz auf der Insel eingesetzt hatte, kehrte er 20 Jahre später zurück, gründete die Kubanische Revolutionspartei und kämpfte mit den Maceo-Brüdern im zweiten Unabhängigkeitskrieg. Er fiel im Kampf am 19. Mai 1895 im Alter von 42 Jahren.

ERNESTO »CHE« GUEVARA

Das berühmte Bild von »Che« (»Genosse«) mit der schwarzen Mütze und den fliegenden Haaren schmückte in den 1960er Jahren die Wände unzähliger Studentenbuden. Der 1921 als Sohn einer mittelständischen argentinischen Familie geborene Guevara studierte Medizin, reiste durch Südamerika und arbeitete in Leprakolonien. 1955 begegnete er in Mexiko Fidel Castro, und gemeinsam planten sie die Invasion nach Kuba. Im Bestreben, das Schicksal anderer unterdrückter lateinamerikanischer Völker zu verbessern, schloß sich Guevara 1965 Aufständischen in Bolivien an. Zwei Jahre später wurde er dort erschossen.

Unten: *Das große Wandbild von Che Guevara.*

Die Revolution

In Havanna tat sich unter den kritischen Studenten ein junger Rechtsgelehrter hervor. **Fidel Castro Ruz** zog nach Santiago de Cuba und initiierte am 26. Juli 1953 einen Sturm auf die dortige Moncada-Kaserne. Die Aktion geriet zu einem entsetzlichen Fehlschlag, und viele festgenommene Rebellen wurden gefoltert und exekutiert. Castro kam mit mehreren Gefolgsleuten ins Gefängnis, doch sein Charisma hatte sich ins Denken seines Volkes eingebrannt.

Bei der Gerichtsverhandlung verteidigte Castro sich selbst – mit einer Rede, die internationale Beachtung fand. »Sprecht mich schuldig, es hat nichts zu bedeuten«, sagte er, »die Geschichte wird mich freisprechen!«. Auf die Verurteilten wartete das berüchtigte Modellgefängnis auf der Isla de la Juventud. Hier entstanden Castros Pläne für einen zweiten Aufstand. Als 1955 eine politische Amnestie erzwungen wurde, gingen die Revolutionäre ins Exil.

Ende 1956 setzte Castro zusammen mit seinem Bruder Raul, dem Argentinier Che Guevara, Camilo Cienfuegos und 80 kubanischen Kameraden in Mexiko die Segel der 20 m langen Jacht *Granma*. Ihr Ziel war ein Strand an Kubas Südküste. Er sollte der Ausgangspunkt für einen neuen bewaffneten Aufstand sein, doch das vom Kurs abgewichene und überladene Schiff wurde von einem kubanischen Armeehubschrauber entdeckt. Beim Bombardement der Küste durch Batistas Truppen kamen 66 Guerillas ums Leben. Castro entkam mit elf Überlebenden in die gebirgige Sierra Maestra im Süden der Insel, wo er die Unterstützung der lokalen Bevölkerung fand und rasch mehrere tausend Gefolgsleute um sich scharte.

1958 lieferten sich die Guerillas heftige Gefechte mit Batistas Truppen. Fidel Castros Armee drang immer weiter nach Westen vor. Dörfer und Städte gerieten unter die Kontrolle der »Bewegung des 26. Juli«, und als Havanna am 1. Januar 1959 fiel, stand der Sieg der Revolution fest. Batista aber hatte sich bereits mit 300 Mio. US-Dollar aus der Staatskasse abgesetzt.

Castros Kuba

Als die Befreiung vollzogen war, wurde »El Comandante« Fidel Castro zum Ministerpräsidenten, Raúl Castro zum Oberhaupt der Streitkräfte und Che Guevara zum Industrieminister ernannt. Nachdem die neue Regierung große Mengen amerikanischen Eigentums beschlagnahmt hatte, sprachen die USA im Gegenzug ein Handelsembargo aus. 1961

wurden 1 500 vom CIA ausgebildete Söldner beim Versuch einer Invasion in der **Schweinebucht** zurückgeschlagen. Diesem Sieg folgte die Verkündung, daß Kuba die marxistisch-leninistische Ideologie vertrete.

Castro bat die UdSSR um Beistand, deren Stationierung sowjetischer Raketen im Oktober 1962 zur **Kubakrise** führte. Der amerikanische Präsident Kennedy und das sowjetische Staatsoberhaupt Chruschtschow stritten über Schiffsladungen nuklearer Waffen, bis die Sowjets schließlich einen Rückzieher machten. Dennoch unterstützten sie Kuba weiterhin wirtschaftlich mit Billigöl im Austausch gegen Zucker. 1965 wurde die Kommunistische Partei Kubas neu formiert, und 1968 wurden die letzten in Privatbesitz befindlichen Unternehmen verstaatlicht. 1970 wurde die Rekordzuckerernte von 8,5 Mio. t eingebracht.

Obwohl das kubanische Volk seit den frühen 1970er Jahren Vollbeschäftigung, kostenfreie Ausbildung und freie medizinische Versorgung genießt, bewies 1980 die Ausreiseaktion über den **Seehafen Mariel,** in deren Verlauf über 120 000 Menschen in die USA ausreisten, daß viele Kubaner mit ihrem Schicksal unzufrieden waren. Nach dem Zerfall der Sowjetunion wurden 1993 die sowjetischen Truppen abgezogen und die Hilfeleistungen endgültig eingestellt.

1990 rief Castro die »Sonderperiode in Friedenszeiten« aus, die bis heute andauert. Zu den Maßnahmen dieses Programms zählte auch die Verschärfung der Visaerteilung für Kubaner, die Familienangehörige in Miami besuchen wollten. Sie führte 1994 dazu, daß etwa 40 000 Menschen über das Meer nach Florida zu fliehen versuchten.

Oben: Fidel Castro bei einer seiner Reden anläßlich der jährlichen Parade am 2. Januar.

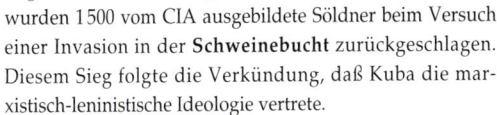

KLEIN-HAVANNA

1958 flohen viele reiche Kubaner von der Insel und ließen sich in Klein-Havanna, einer Vorstadt von Miami, nieder. Spätere Auswanderungswellen kubanischer Dissidenten, wie 1980 die Ausreiseaktion über den Seehafen Mariel, ließen die Zahl der Kubaner in den USA auf über 1,5 Mio. anwachsen. Seit Jahren drängt ein großer Prozentsatz der kubanischen Bevölkerung Miamis die amerikanische Regierung, das Embargo gegen Kuba zu verschärfen und so den Sturz Castros zu betreiben. Politische Aktivisten wie die Bewegung Alpha 66 oder das Kommando F4 organisieren Anti-Castro-Demonstrationen. Der Kuba seit Jahren mit Propaganda überschüttende Anti-Castro-Piratensender »Radio Martí« soll den Exodus von 1994 heraufbeschworen haben.

Oben: *Zuckerernte am Escambray-Gebirge.*

STAAT UND WIRTSCHAFT

Kuba ist ein kommunistisches Land mit einer eigentümli-chen Form des Sozialismus. Staatsoberhaupt ist seit 1959 »El Comandante« **Dr. Fidel Castro Ruz.** Alle fünf Jahre finden auf regionaler und nationaler Ebene Wahlen der Delegier-ten für die **Repräsentantenhäuser des Volkes** statt. Die Mit-glieder der Nationalversammlung wählen einen **Staatsrat.** Fidel Castro ist Präsident des Staatsrats und Vorsitzender des Ministerrats. Insgesamt 169 **Munizipien** führen die Auf-sicht über das Geschehen in 14 Provinzen und einer Provinz mit Sonderstatus (Isla de la Juventud). Auf Bürgerebene wurde bereits 1960 das CDR **(Comité de la Defensa de la Re-volución)** eingerichtet, das darüber wacht, daß einzelne Bürger mitbestimmen können sowie fairen Zugang zu Bil-dung, Sozialleistungen und Gesundheitsvorsorge haben und ihrerseits angemessene Beiträge zum Gemeinwohl leisten.

Landwirtschaft

Auf Kubas fruchtbarem Boden gedeihen Zuckerrohr, Kaf-fee, Tabak, Reis, Gemüse und exotische Früchte. Auch die Rinderzucht zur Milch- und Fleischversorgung ist von Be-deutung. Im Süden werden Hummer und Krabben in gro-ßen Mengen für den Export gezüchtet. Harthölzer werden in den vielen Wäldern in beträchtlichem Maße geschlagen,

doch sorgfältige Kontrollen gewährleisten die Wiederaufforstung. Im Transportwesen sowie bei der Einbringung der Ernten und deren Verarbeitung macht sich der sowjetische **Lieferstop** für Öl und Ersatzteile bemerkbar, zumal die amerikanische Regierung ihr Embargo noch nicht aufgehoben hat.

Energie und Industrie

Kubas Küstenlinie liegt teilweise auf dem Saum großer unterirdischer **Öl-** und **Gasfelder,** die bis heute nicht genutzt werden, da die Geldmittel für ihre Erschließung fehlen. Verschiedene **hydroelektrische Projekte** wurden realisiert, und eine funktionierende **Bergbauindustrie** sorgt durch den Abbau von Nickel, Kupfer und Chrom für den dringend benötigten Zufluß ausländischer Devisen.

Nachdem die kubanische Wirtschaft 450 Jahre lang auf Zucker aufbaute, ist als Folge des Handelsembargos seit 1995 der Tourismus zur wichtigsten Einnahmequelle für ausländische Devisen geworden. Bis 1995 durften Kubaner keine andere Währung als den Kubanischen Peso besitzen, doch nachdem diese Bestimmung abgeschafft wurde, gehen nun viele Unternehmer eigenen Geschäften nach. Bauern verkaufen ihre überschüssigen Produkte, oder man versucht in touristisch orientiertem Handwerk und der Gastronomie Geld zu verdienen. Der Tourismus brachte 1995 etwa 1 100 Mio. US-Dollar ein.

Bildungswesen

Kubas Bildungswesen ist gut entwickelt, auch wenn die Ausstattung in diesem Sektor oft sehr elementar ist – es gibt sehr wenig Papier und Schreibutensilien. Die bedeutendsten **Universitäten** befinden sich in Havanna, Santiago de Cuba, Camagüey und Santa Clara. In allen Provinzen unter-

Oben: Zigarrenfabrikation in Pinar del Río.

EL COMANDANTE

Fidel Castro Ruz wurde 1927 als Sohn einer aus Spanien eingewanderten Landbesitzerfamilie geboren, ging in Santiago de Cuba zur Schule und erwarb einen juristischen Abschluß an der Universität von Havanna. Er reiste nach Bogotá (Kolumbien) und New York, wo er ebenfalls studierte. Zurück in Kuba, führte er den gescheiterten Sturm auf die Moncada-Kaserne an.

Aus seinem Exil in Mexiko kehrte er 1956 mit 80 Revolutionären nach Kuba zurück und begann seinen Feldzug gegen Präsident Batista, der 1959 mit der Einnahme Havannas siegreich endete. Nach fast 40 Jahren Amtszeit als Ministerpräsident ist Castro heute der dienstälteste politische Führer der Welt.

halten die Universitäten Zweigstellen. In den Städten stehen ausgezeichnete Bibliotheken zur Verfügung, und mobile Bibliotheken gewährleisten die Informationsversorgung der abgelegeneren Gebiete. In jüngster Zeit wurden Tourismus-fachschulen gegründet.

Wirtschaft und soziale Dienste

Die unvermittelte Einstellung der sowjetischen Hilfeleistungen veranlaßte die Regierung zur Verkündung der »**Sonderperiode in Friedenszeiten**«, eines wirtschaftlichen Sparprogramms. Touristen gewinnen in der Regel ein verzerrtes Bild von der wirtschaftlichen Situation Kubas, denn der Lebensstandard in den luxuriösen Hotels ist für den Durchschnittskubaner unerreichbar. Benzinlieferungen werden in die Tourismusindustrie gelenkt, und Importwaren können nur mit Dollars gekauft werden. In den Geschäften, in denen mit Pesos bezahlt wird, sind Lebensmittel, Kleidung und selbst die wichtigsten Artikel für Haushalt und Privatgebrauch extrem knapp.

Alle Kubaner aber haben freien Zugang zu Bildung und **Gesundheitsversorgung,** die hohen Standard aufweisen. Die äußerst folgsamen Schulkinder tragen makellos reine und säuberlich gebügelte Uniformen, obwohl Seife und Waschmittel zu den Luxusartikeln gehören, und im allgemeinen wirken die Kubaner kräftig, gesund und zufrieden. Leider haben das Embargo und die Gier nach Dollars den Schwarzmarkt und die Prostitution belebt – manche Besucher werden dieser Kehrseite des modernen Lebens in Kuba begegnen.

DIE MENSCHEN

Kubas Menschen sind warmherzig, freundlich, gesellig und lebensfroh. Sie haben viel Sinn für Humor, sind überaus hilfsbereit, zugänglich und aufmerksam. Die Schönheit der kubanischen Frauen ist legendär. Neben dem milden Klima und der schönen Landschaft haben der hohe Standard des seit der Revolution allen Kubanern unentgeltlich zur

Verfügung stehenden Gesundheits- und Bildungswesens dazu beigetragen, daß die Kubaner zu den gesündesten und gebildetsten Völkern der Welt zählen.

Die Hälfte der Bevölkerung ist gemischter afrikanisch-europäischer Abstammung, die andere Hälfte spanischen Ursprungs. Die Kubaner sind stolz auf ihr vielfältiges kulturelles Erbe. Sie lesen begierig, tanzen und amüsieren sich gerne, und die Musik ist ein kubanisches Lebenselixier. Der Familienverbund ist von überragender Bedeutung, und Kinder haben in der Sozialstruktur einen ganz besonderen Stellenwert. Die Hälfte der heute etwa 12 Mio. Kubaner ist unter 20 Jahre alt.

Sprache

Man spricht auf Kuba ein lateinamerikanisches Spanisch, das sich (in einigen Regionen beträchtlich) vom kastilischen Spanisch der Iberischen Halbinsel unterscheidet. Nicht selten entfallen die Endungen der Wörter, werden Substantive abgekürzt und Sätze mit lokalen umgangssprachlichen Begriffen durchsetzt. Das Spanisch der Kubaner ist von Region zu Region unterschiedlich, obwohl die Akzentuierung deutlicher wird, je weiter man nach Süden vorstößt. In der Unterhaltung und Diskussion erweisen sich die Kubaner mit ihrer lebhaften und ausdrucksstarken Gestik als typische Lateinamerikaner. Flüche und drohende Worte sind aber – im Vergleich mit anderen Völkern – praktisch unbekannt.

Oben: *Mulatten sind die Nachkommen afrikanischer und spanischer Eltern.*
Gegenüber: *Adrett gekleidete Schulkinder.*

MULATTEN UND MESTIZEN

Im Verlauf seiner Geschichte hat Kuba Menschen der unterschiedlichsten Rassen angezogen. Einige kamen als Konquistadoren, andere als Investoren, die meisten als Sklaven. Dieser Schmelztiegel der Hautfarben, Gesinnungen, Religionen und Charaktere aus vier Kontinenten brachte die Mestizen hervor, die Menschen gemischten Blutes. Die Kinder, die von Spaniern und der negriden Bevölkerung gezeugt wurden, heißen **Mulatten.** Über den Zeitraum von 500 Jahren ist auf Kuba durch Blutvermischung ein faszinierendes und facettenreiches Volk entstanden, das allerdings bezüglich der Migration seit fast zwei Generationen isoliert ist

Oben: *Geschmückter San-
tería-Schrein in Varadero.*
Gegenüber: *Der Nationalsport Baseball ent-
wickelte sich aus einem
Spiel der kubanischen
Amero-Indianer.*

SANTERIA

Die nach Kuba verfrachteten
Sklaven, viele vom Stamme
der Yoruba in Nigeria, brachten eine alte Religion mit, die
sie im Laufe der Zeit mit Vorstellungen aus der katholi-
schen Religion ihrer Herren
durchsetzten. Die neun
Hauptgottheiten der Abakua-
Sekte der Yoruba wurden an
christliche Heilige angegli-
chen, denen vergleichbare
Attribute nachgesagt wurden.
Damit war die Basis der kubanischen Version des Voodoo,
Santeria, geschaffen.

In den Städten und größeren Siedlungen
wird aufgrund des amerikanischen Einflusses
mittlerweile vermehrt Englisch verstanden,
während das jahrelange sowjetische Engage-
ment dazu führte, daß viele Kubaner – vor allem Techniker – Russisch sprechen können.

Religion

Mitte des 15. Jh. hatten sich die spanische Kultur und (wichtiger noch) die **katholische Religion** in Kuba ausgebreitet. Die Kolonisatoren
bürdeten ihre Religion jedem auf, dem sie in der
Neuen Welt begegneten, und die Zuckerplanta-
gen-Sklaven, die aus Westafrika herbeigeschafft
wurden, hatten Katholizismus zu praktizieren,
obwohl ihnen der Zutritt zu den Gotteshäusern
ihrer christlichen Herren verwehrt wurde.

Nachdem die katholische Religion zwischenzeitlich fast
ausgemerzt war, wird sie heute von der kubanischen Regierung toleriert, und der Papst hat einen Erzbischof und mehrere Bischöfe in Amt und Würden gesetzt. Heute aber gehen
nur noch wenige Kubaner in die Kirche, da sie lieber in den
eigenen vier Wänden beten. 1994 erließ die Regierung eine
Ausnahmebewilligung für alle, die Weihnachten feiern
wollten. Zwar gilt die römisch-katholische Religion als der
am weitesten verbreitete Glaube, doch der **Santería-Kult**
mit seinen alten synkretischen Glaubensvorstellungen wird
weithin praktiziert, vor allem im Distrikt Regla von Havanna, in Trinidad de Cuba und in Santiago de Cuba.

Feste

Der Karneval von Havanna und von Santiago de Cuba sind
die beiden Höhepunkte der kubanischen Festsaison. Auch
wenn ihre überschäumende Eleganz durch die wirtschaftlichen Engpässe gelitten hat, locken sie lokale Zuschauer und
Touristen in Scharen an. Im Feriengebiet Varadero wird ab
der zweiten Januarwoche bis in den Februar hinein ein eigener Karneval für Touristen veranstaltet. Überdies finden
zur Unterhaltung der ausländischen Gäste fast im Wochen-
takt improvisierte Straßenparaden statt.

Kubas Karneval, der zwischen Mitte Juni und der ersten Augustwoche abgehalten wird, entstammt der afro-kubanischen Kultur. *No hay carnaval sin los carabalis* (Es gibt keinen Karneval ohne die Carabalis = kleine Hexenmeister aus der afrikanischen Religion) ist ein beliebter Slogan, der die Bedeutung der afrikanischen Elemente belegt. Auch am Neujahrstag, dem kubanischen Tag der Befreiung, finden zum Gedenken an die Erstürmung Havannas durch Castros Truppen Paraden und politische Aufmärsche statt.

Sport und Erholung

Schon kurz nach der Revolution von 1959 gründete Fidel Castro das **Nationale Institut für Sport, Leibeserziehung und Erholung** (NDER). Die Kubaner sind begeisterte Sportfreunde und haben sich auch im internationalen Vergleich hervorgetan, besonders in der Leichtathletik und im Boxen.

Der Nationalsport ist **Baseball**. Die Theorie, das Spiel habe seinen Ursprung im *batey*-Spiel der amero-indianischen Taíno auf Kuba, ist durch die archäologische Forschung untermauert worden. Überall im Land wird auf Straßen und in Parks Baseball gespielt. Die Spielsaison auf Provinz- und nationaler Ebene dauert von Dezember bis Juni. Jede Stadt und größere Ortschaft hat ein Baseballstadion. Der Eintritt ist meist gratis. Frühere Baseballstars wie Victor Mesa oder Luis Giraldo genießen hohes Ansehen in der Bevölkerung, und heimkehrende Sieger werden mit spektakulären Empfängen begrüßt. 1992 gewann Kuba bei den Olympischen Spielen in Barcelona die Goldmedaille im Baseball. Castro war früher selbst ein erfolgreicher Baseballspieler der Provinzmannschaft von Oriente.

Alle Städte und größeren Ortschaften haben Stadien. Havanna selbst

An Straßenecken, in Cafés und auf Veranden sieht man in ganz Kuba Männergruppen, die sich konzentriert oder in lebhafter Diskussion um einen kleinen Tisch scharen. Hier wird Domino gespielt, das zu den populärsten Freizeitbeschäftigungen auf der Insel gehört. Das Dominospiel besteht aus 28 länglichen Holzstücken, die zweimal mit Punkten markierte Zahlenwerte zwischen 0 und 6 aufweisen. Wer ein lokales Café oder eine Garküche betritt, wird unweigerlich das monotone Klacken der Spielsteine vernehmen. Es lohnt sich, eine Weile zuzuschauen und die Begeisterung der kubanischen Dominofreunde zu erleben.

Unten: *Kubas Küste ist ideal zum Segeln.*

hat mehr als zwölf, unter anderem das große Estadio Latinamericano am Plaza de la Revolución und eine Arena im Osten, die 1991 für die Panamerikanischen Spiele errichtet wurde. Sporthelden wie Javier Sotomayor, der Weltmeister im **Hochsprung,** oder Alberto Juantorena, der 1976 olympisches Gold über 400 m und 800 m gewann, sind Idole der kubanischen Jugend. Auch im **Boxring** haben sich Kubaner hervorgetan: Teófilo Stevenson gewann olympisches Gold und dreimal die Amateurweltmeisterschaft im Superschwergewicht, und auch Félix Savon heimste Ruhm als Meister im Schwergewicht ein. Obwohl der Profisport im Grunde nicht zur Staatsideologie paßt, kümmert sich heute die Regierungsagentur **Cuba Deportes,** der ausreichende Geldmittel zur Verfügung stehen, um kubanische Profisportler.

Auf dem Land suchen die Menschen in unterschiedlichster Weise Entspannung. Fast überall gibt es einen oder zwei regionale Festtage, an denen lokale Leistungen und Erfolge gefeiert werden. Zahlreiche Dörfer veranstalten ein jährliches Rodeo.

Kuba bietet seinen Gästen nahezu alle Sportarten an. Ausrüstungsgegenstände für Land- oder Wassersportarten sind in den Ferienanlagen erhältlich.

Architektur

Die spanische Kolonialarchitektur ist nirgends in der Neuen Welt besser repräsentiert als in den kubanischen Altstädten *(vieja)* von Havanna, Trinidad und Santiago de Cuba. Die Architektur des frühen 16. Jh. war stark von den Mauren beeinflußt, die sich 1492 schon seit über 700 Jahren auf der Iberischen Halbinsel festgesetzt hatten. Die arabischen Elemente der spanischen Architektur, die gleichermaßen vor Hitze und tropischen Regenstürmen schützten, entsprachen den Anforderungen des kubanischen Klimas vorzüglich.

Oben: *Trinidad de Cuba besitzt einige der malerischsten Beispiele für Kolonialarchitektur.*

Zu den maurischen Elementen der Kolonialgebäude gehören **Veranden, Balkone** und **Portale.** Diese sind entweder offen oder mit einer durchbrochenen Holzwand verkleidet, die luftdurchlässig ist und gleichzeitig die Privatsphäre vor fremden Blicken schützt. Die tragenden Säulen wirken aufgrund des auf der Insel vorhandenen Baumaterials im Vergleich mit den eleganten Linien der spanisch-maurischen Vorbilder allerdings eher gedrungen. Arabischer Einfluß zeigt sich auch im **Hofbereich** des Hauses, der oft mit schattenspendenden Bäumen, dekorativen Pflanzen und einem zentralen Brunnen ausgestattet ist.

In den Hof vieler stolzer alter Häuser führt ein sehr großer Eingang mit einem mächtigen zweiflügeligen Holzportal, das breit genug ist, um Pferd und Wagen Einlaß zu gewähren. Fußgänger betreten den Hof in der Regel durch eine kleinere Öffnung im Hauptor namens *postigo.*

Kunst

Kuba ist ein Schmelztiegel der Kulturen, in dem sich Einflüsse aus Spanien, Afrika und Amerika vermischten. Mitte des 19. Jh. zeigte sich eine Gruppe von Künstlern von den kubanischen Landschaften inspiriert. Einer von ihnen war **Esteban Chartrand,** dessen Landschaftsgemälde als typische Beispiele der Romantischen Schule gelten. Im späten 19. Jh.

FENSTER

Wer die älteren Stadtviertel durchstreift, wird dekorative Buntglasfenster und attraktive Fensterschirme entdecken. Diese Fenster heißen *vitrales,* die halbmondförmigen dagegen *mediopuntos.* Sind sie geöffnet, damit ein kühler Luftzug durchs Haus streifen kann, werden die unerwünschten Blicke Fremder durch Holzgitter, die *barrotes,* abgehalten. Hier und da sieht man außerordentlich dekorative Gitter aus geschmiedetem Eisen. Solche Abschirmungen über der Fensteröffnung heißen *rejas.*

Alternativ werden an der inneren Fensterseite Jalousien, *persianas,* heruntergezogen

erlangten **Eduardo Laplante** und **Fredric Mialhe** Berühmtheit für ihre klassische Darstellung von Landschaftspanoramen und vom kubanischen Alltagsleben. Auch in Pose gesetzte Portraits von Zuckerbaronen samt Familie, gemalt von Künstlern wie **Armando Menocal,** der den Stil spanischer Maler wie Goya adaptierte, kamen in Mode.

Im simplizistischen Stil wurden in den späten 1920er und 1930er Jahren allegorische Themen aufgegriffen, die nur spärlich politische Inhalte ummäntelten. Besondere Erwähnung verdient hier das herausragende Werk von **Carlos Enríquez,** dessen Bild *Der Raub der Mulattinnen* 1938 entstand.

Nach dem Zweiten Weltkrieg dominierten zunächst surrealistische und kubistische Maler. In den 1950er Jahren führte **René Portocarrero** den Symbolismus in die kubanische Kunst ein, und **Wilfredo Lam** tat sich mit mystischen Darstellungen des afro-kubanischen Erbes der Insel hervor.

Musik

Die kubanische Musik blickt auf eine 500jährige Geschichte zurück und ist das Lebenselixier des Landes. Die frühen spanischen Siedler brachten Volks- und religiöse Musik mit. Später untermalten die aus China und Afrika herbeigeschafften Sklaven alle möglichen Festlichkeiten mit ihren eigenen traditionellen Instrumenten: Zimbeln, chinesische Hörner, afrikanische Trommeln, Xylophone, Cembalos. Diese erwiesen sich als vortreffliche Ergänzung zu den spanischen Kastagnetten, Tamburinen und Marimbas, welche die Klänge von Posaunen, Klarinetten und Gitarren begleiteten. So entstanden zahlreiche Lieder, die oft vom Alltagsleben auf den Zuckerplantagen erzählen. Typisch für den modernen kubanischen Sound ist der Wechselgesang **Son.**

Aus afrikanischen Weisen entwickelte sich die afro-kubanische Komposition **Son bembe,** zu deren zahlreichen Adaptionen und Interpretationen der Sarabande-Tanz und Tänze des Kongo gehören.

AUF HEMINGWAYS SPUREN

Einer der berühmtesten Besucher Kubas verbrachte über 20 Jahre im Land: Ernest »Papa« Hemingway. Viele Reiseagenturen bieten »Hemingway Tours« an, die den kubanischen Alltag des Schriftstellers beleuchten. Der Tourist sieht Hemingways Jacht *Pilar,* er kann einen Blick in sein Haus in **San Francisco de Paula** werfen sowie die beiden Büsten des Nobelpreisträgers in der Bar **Floridita** und in **Cojímar** bewundern; er kann es sich an den Lieblingsstätten des Schriftstellers, dem Restaurant **Bodeguita del Medio** (Havanna) und dem Meeresfrüchtelokal **La Terraza** (Cojímar) gemütlich machen. Schließlich kann er auch zu seinem Zimmer 511 im **Ambos Mundos Hotel** in Havanna hinaufsteigen.

Es folgte der Salsa, der in den Tanz- und Musikhallen der 1920er und 1930er Jahre zum Kult wurde. Aus ihm wurde die Rumba geboren. Heute gilt Salsa als Synonym für Kuba und das kubanische Volk.

Die **Trova**, Balladen, sind die Grundlage der nationalen kubanischen Volksmusik. Nach der Revolution kamen die Nueva Trova auf, welche die Themen der alten Musik aufgriffen und auf das Alltagsleben der kubanischen Arbeiterschaft übertrugen. Zu den modernen Vertretern der Nueva Trova gehören **Pablo Milanés** und **Silvio Rodríguez**. In fast allen kubanischen Städten gibt es Casas de Trova (»Balladenhäuser«), in denen täglich Vorstellungen gegeben werden.

Literatur

Kubas afrikanisches Erbe und der spanische Einfluß spielten auch in der Entwicklung der nationalen Literatur eine bedeutende Rolle. Das Zusammentreffen jener beiden Kulturen wird in **Citilio Villaverdes** Roman *Cecilia Valdés* aus dem 19. Jh. anschaulich dargestellt. Die wohl berühmtesten kubanischen Schriftsteller des 20. Jh. sind der Lyriker **Nicolás Guillén** und der Dichter und Romancier **Alejo Carpentier**. Unter den zahlreichen postrevolutionären Schriftstellern erwarb sich **Miguel Barnet** für sein Werk *Der Cimarron*, das von einem entlaufenen Sklaven auf Kuba erzählt, internationale Anerkennung.

Speisen

Die typische kubanische Küche *(cocina criolla)* kann weder der karibischen noch der lateinamerikanischen zugeordnet werden, denn sie hat ihre Wurzeln in Spanien und Afrika. Die am weitesten verbreiteten kreolischen Speisen können mild, würzig oder scharf sein. Als Faustregel läßt sich feststellen: Je weiter südlich, desto schärfer das Essen. Die Ferienanlagen bieten internationale Bufetts und Barbecues sowie chinesische, vietnamesische, mexikanische, italienische und spanische Küche an.

JAZZ IN KUBA

Die wichtigsten Jazzstile in Kuba sind Bosanova, Cha-Cha-Cha, Samba und Merengue. Zu den frühen weltberühmten Vertretern des kubanischen Jazz gehörten in den 1940er Jahren Benny More und Peruchin I. Heute sind die führenden Bands und Musiker Chuco Valdés' Irakere, Gonzalo Rubalcava, Arturo Sandoval, Afrocuba und Peruchins Sohn Pedro Justiz Márquez (Peruchin II). Jeden Februar findet in Havanna ein internationales Jazzfestival statt. Unverfälschte kubanische Jazzimprovisation hört man in den Casas de Trova in Santiago de Cuba.

Gegenüber: *Gemälde des Kubaners Eduardo Abela.* **Unten:** *Spontane und organisierte Veranstaltungen gehören in Kuba zum Alltag.*

KUBANISCHE NACHSPEISEN

Da Zucker das wichtigste Agrarprodukt Kubas ist, verwundert es nicht, daß kubanische Nachspeisen im allgemeinen süß sind. Zu den beliebtesten Naschereien gehören *coco rallado y queso*, zerriebene Kokosnuß mit Käse in Zuckersirup, und *cucurucho*, Kokosstreifen, Kakao und Ananas mit Zucker vermischt im Bananenblattkegel. Auch kubanischer Honig ist Zutat diverser Desserts. Mit Guave zu einer Paste vermischt, ist er als Brot- oder Toastaufstrich beliebt. Auf den Straßen sieht man Verkäufer Tüten mit zerstoßenem Eis feilbieten, über das eine fruchtige Flüssigkeit gegossen wird – ein zwar wäßriges, jedoch erfrischendes Getränk. Probieren Sie einmal ein Stück Zuckerrohr, das direkt vom Feld kommt: Einfach die Schale abziehen und ins süße Mark beißen.

Auf Kubas fruchtbarem Boden gedeihen alle tropischen und subtropischen Obst- und Gemüsesorten, und die Gewässer sind reich an Fischen und Krustentieren. Viehfarmen sichern mit der Zucht von Rindern, Schweinen und Hühnern die Fleischversorgung. Auf der Insel wachsen über 30 exotische Obstsorten, zum Beispiel *zapote* oder *níspero*, eine ovale, braune Frucht mit süßem, faserigem Fruchtfleisch. Verbreitet ist die Papaya (*fruta bomba*). (Vorsicht: In manchen Gegenden verwendet man das Wort *papaya* für einen bestimmten Teil der weiblichen Anatomie.) Weitere Früchte sind *aguacate* (Avocado), die große noppige *guanábana* mit cremigem, weißem Fruchtfleisch sowie *anón*, deren schuppige Schale nicht auf ihren verführerisch süßen Geschmack schließen läßt.

Reis und Bohnen sind Grundnahrungsmittel. Als heimliches Nationalgericht gilt *moros y cristianos* (»Mohren und Christen«): schwarze Bohnen mit gekochtem Reis und Schweinefleisch. *Arroz con gris* heißt ein Gericht aus in Schweinefett gekochten roten Bohnen und Reis. Beliebt ist auch *ajiaco*, ein kräftiger Gemüseeintopf mit Yuccawurzeln, Rüben, Karotten, diversen Kräutern und Maniok (*malanga*). Zu den im Westen ungebräuchlichen Wurzelgemüsen gehören Taro, Yams und Chayoten. Neben einigen, dem europäischen Küchenchef bekannten Gemüsesorten wie Kohlrabi

sind auch diverse Kürbisarten *(calabaza)*, Auberginen, Süß-
kartoffeln und normale Kartoffeln erhältlich. *Platano verde*
heißen die grünen Kochbananen, die größer und nicht so
süß wie die bei uns üblichen Bananen sind.

Wenn etwas recht pikant gewürzt ist, handelt es sich um
criollo, die kreolische Küche. Deren Gerichte werden für
gewöhnlich mit einer Paste aus rotem Chili *(ají)* zubereitet.
Auf Kuba werden verschiedene Chilisorten geerntet, feurig-
scharfe und mildere. Bekannt sind die Sorten Jalapeño, Mu-
lato, Poblano und natürlich der köstliche Habanero-Chili.

Getränke

Der Rum ist Kubas »Lebenswasser« und gehört untrennbar
wie die Zigarre zu der Insel. Größter Produzent ist mit neun
Rumsorten »Havanna Club«, dessen Angebotspalette vom
Light Dry White über einen drei Jahre alten Silver Label bis
hin zum fünf oder sieben Jahre alten Gold Label reicht. Die
ältesten Sorten *(añejo)* benötigen also fünf bis sieben Jahre
bis zur Reife. Rum ist die Basis unzähliger **Cocktails.** Die
drei berühmtesten Cocktails sind der Cuba Libre, der durch
Ernest Hemingway bekannt gewordene Mojito und der
kühle Daiquiri. Kubas Barmixer sind wahre Künstler in der
Zubereitung von Cocktails, die in enormen Variationen
zwischen 1920 und 1950 in Havanna erfunden wurden.

»Havanna Club« produziert diverse **Liköre** aus
exotischen Früchten: Banane, Kakao, Kaffee, Guave,
guanábana, Mango, Papaya, Ananas, Pflaume. In der
Provinz Pinar del Río wird ein Likör aus der dort
wachsenden kleinen Guavensorte *guayabita* hergestellt. Obst- und Gemüsesäfte werden in der Regel
frisch gepreßt serviert. Eine von Fidel Castro hochge-
schätzte Delikatesse ist der lokale Geheimtip *Cóctel de
Ostiones* (mit Tomatensaft, frischen Austern, Pfeffer,
Salz, ein wenig Zitrone, Tabasco und Rum).

Cerveza (Bier) wird regional gebraut. Die einheimischen Marken Cristal, La Modelo, La Tropical, Mana-
cas, Polar und Tinimas sind leichte Lagerbiere *(lige-
ra)*. Hatuey-Bier wird in verschiedenen Stärken gebraut, die Marken Tropical Negro und Lobo sind
dunkel und malzig.

KUBANISCHE COCKTAILS

• **Cuba Libre:** Einen Schuß
weißen Rum, den Saft einer
halben Limone und eine Limo-
nenscheibe ins Glas geben,
mit Cola und Eis auffüllen.
• **Mojito:** Etwas weißen Rum,
einen TL Zucker, den Saft
einer Limone, 2 Tr. Ango-
stura-Bitter, Eis und einen
Zweig kubanische *yerba-
buena* oder andere Minze
mischen; mit Soda auffüllen.
• **Frozen Daiquiri:** Einen
Schuß weißen Rum und den
Saft einer Limone mit zerstoßenem Eis mixen, cremig
rühren und in ein Champag-
nerglas zu einem Miniatur-
eisberg, der nach Rum und
Limette schmeckt, gießen.

Gegenüber: *Ein Restaurant in Miramar/Havanna.*
Unten: *Straßenstände
bieten interessante
Getränke an.*

2
Havanna

Geheimnisvoll, mysteriös und nostalgisch liegt die Stadt Havanna mit ihren fast drei Mio. Einwohnern eingebettet in eine große Bucht an Kubas Nordküste. Ihr Name beschwört unwillkürlich den Duft schwerer Zigarren, das weiche Aroma gereiften Rums und die mitreißenden Klänge von Tango und Salsa herauf. Dereinst Mittelpunkt der Neuen Welt, ist Havanna heute eine geruhsame und recht stille Stadt, die mit Stolz auf eine Geschichte von 500 Jahren zurückblickt. Wegen Ölknappheit fehlt der Lärm intensiven Straßenverkehrs, doch es stehen genügend über Pedale betriebene Transportmittel zur Verfügung. Den Erstbesucher mögen die Monumente und modernen Gebäude auf dem Gelände der Plaza de la Revolución an viele andere Städte in der Neuen Welt erinnern, doch wer die versteckten Ecken, breiten Boulevards, schönen Promenaden und alten Viertel der Stadt erkundet, wird die alte Stadt und die Überraschungen, die sie zu bieten hat, zu schätzen wissen.

Prachtvolle Monumente halten das Gedenken an schillernde Persönlichkeiten wie Martí, Maceo, Gómez und García sowie an den kubanischen Freiheitskampf wach – ebenso wie die allgegenwärtigen Bilder Che Guevaras und Fidel Castros. Wer durch Havannas Altstadt spaziert, wird die Begeisterung von Ernest Hemingway und Graham Greene nachvollziehen können, die beide diese Stadt liebten. In keiner anderen Stadt wetteifert koloniale Pracht so unmittelbar mit neoklassizistischen Monumenten und Wolkenkratzer mit ebenso vornehmen wie heruntergekommenen Villen. Havanna hat für jeden Geschmack genügend zu bieten – auch für Freunde ausschweifenden Nachtlebens.

SEHENSWERTES

*** Plaza de Armas: ältester Platz Havannas mit vielen historischen Stätten
*** Kathedrale von Havanna mit Vorplatz
*** Plaza de la Revolución: Regierungssitz
** Festung El Morro: gehört zu Havannas Wahrzeichen und dominiert den Hafen
** El Capitolio und Museum
** Museum der Revolution und Präsidentenpalast
* La Rampa: Haupteinkaufsstraße und kulinarisches Zentrum des modernen Havanna

Gegenüber: *Gebäude am Parque Central in Havanna – eines von Tausenden, die restauriert werden sollen.*

Gegenüber: *Havannas Castillo de la Real Fuerza ist die zweitälteste Festung Amerikas.*

DIE ALTSTADT VON HAVANNA ★★★

Die Altstadt von Havanna *(Habana Vieja)* legt Zeugnis von der Geschichte der kubanischen Hauptstadt ab. Prunkvoll stehen Bauwerke und Museen, Paläste, Klöster und koloniale Herrenhäuser neben zum Bummeln lockenden Geschäften sowie Cafés, Restaurants und Bars. Trotz der Erhebung zum Weltkulturerbe der Menschheit durch die UNESCO konnten bei den Renovierungsarbeiten im alten Havanna bislang nur grundlegende Maßnahmen getroffen werden. Abseits der Sehenswürdigkeiten sind die engen Gassen mit Schlaglöchern übersät, und in verfallenen alten Häusern leben nicht selten mehrere Familien zusammen.

Die Festungen El Morro und La Cabaña ★★

El Fortaleza de los Tres Reyes de Morro wurde 1563 aus mächtigen Korallengesteinsblöcken errichtet. Das Licht des 24 m hohen Leuchtturms aus dem Jahr 1844 ist noch in 80 km Entfernung zu sehen – also fast bis nach Key West! Noch heute sind 60 Kanonen, darunter die mächtigen »Zwölf Apostel«, auf die See gerichtet. Etwas weiter südlich steht die Festung San Carlos de la Cabaña aus dem 18. Jh., die früher Haftanstalt und Hinrichtungsstätte für politische Gefangene war und heute ein Militärmuseum beherbergt. Öffnungszeiten: tägl. 9–20 Uhr, Kanonenfeuer Mo, Di 21 Uhr.

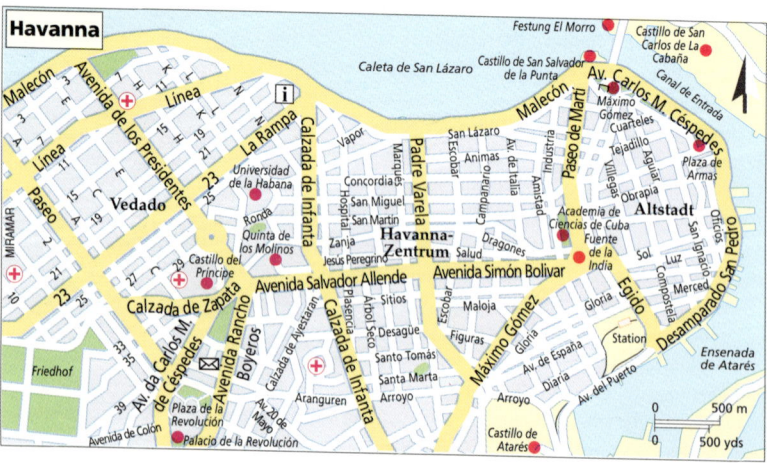

El Castillo de la Real Fuerza ✱✱✱

Gegenüber thront am Hafen der Altstadt Havannas das 1577 erbaute und damit zweitälteste Fort Amerikas. Es ist über eine Zugbrücke zugänglich und bietet von seinen Befestigungswällen atemberaubende Ausblicke. Heute ist die Anlage Sitz des Hauptquartiers der UNESCO für die Restauration Alt-Havannas und Heimstatt des Nationalarchivs, einer Kunstgalerie und eines Waffenmuseums. Öffnungszeiten: Di–Sa 11.30–17.30 Uhr; So 9–12 Uhr.

DIE FRAU IM TURM

Die Überlieferung erzählt, daß die Frau des spanischen Konquistadoren **Hernando de Soto** (1496–1542) vom Turm des Fortaleza de la Real Fuerza sehnsüchtig Ausschau nach ihrem zur See gefahrenen Mann hielt. Als er bei einem Feldzug getötet wurde, starb sie gebrochenen Herzens im Turm, auf dem noch heute ihre Statue steht. Bekannt als »La Giraldilla«, ist sie ein Wahrzeichen der Stadt und bildet das Logo des Havana-Club-Rums.

Plaza de Armas ✱✱✱

Vor dem Fort erstreckt sich die Plaza de Armas (auch: Plaza Céspedes), in deren Zentrum eine Statue von Carlos Manuel Céspedes steht. Auf diesem ältesten Stadtplatz markiert ein betagter *ceiba*-Baum die Stelle, an der die Messe anläßlich der Stadtgründung im Jahre 1519 abgehalten wurde. Havanna war die erste amerikanische Stadt mit Gaslaternenbeleuchtung, und noch heute erhellen sie abends den Platz. Oft flanieren hier Frauen in klassischen Kostümen und beschwören damit Bilder des 19. Jh. herauf.

Im Nordwesten des weitläufigen Platzes, auf dem zahlreiche Bäume Schatten spenden, steht der imposante barocke Kalksteinbau **Palacio del Segundo Cabo** (1776). Das zweistöckige Gebäude mit Hof beherbergt heute das Kultusministerium, das Kubanische Institut für Bücher und die Buchhandlung Bella Habana. Östlich des Platzes wurde der **Palacio del Conde de Santovenia** (auch: Maison de la Flota) – herausragend für koloniale Barockarchitektur – zu einem Hotel umgebaut, und an der nordöstlichen Seite steht **El Templete,** ein Tempelchen mit Säulenhalle im griechisch-dorischen Stil aus dem Jahre 1828.

Die Westseite der Plaza de Armas wird vom grandiosen **Palacio de los Capitanes Generales** dominiert, der zwischen 1776 und 1791 entstand. Hier ist heute das Stadtmuseum untergebracht. Hinter der imposanten Fassade befindet sich ein schöner Innenhof mit einer Marmorstatue des Christoph Kolumbus. Zu den Räumen gehören ein Thronsaal für die spanischen Könige, die Ha-

Unten: *Einer der vielen klassischen amerikanischen Benzinfresser auf Havannas Straßen.*

vanna niemals besuchten, eine Halle mit Céspedes' Originalflagge aus dem Jahre 1850 und die Halle der Republik. Der Straßenbelag aus Holzbohlen vor dem Gebäude ist der einzige seiner Art in der Neuen Welt. Öffnungszeiten: Di–Sa 11.30–17 Uhr; So 9–12 Uhr.

Umgebung der Plaza de Armas

Die Hauptstraße von Havannas Altstadt, deren Straßennetz gitterförmig angelegt ist, heißt **Calle Obispo** und führt von der Plaza de Armas zum Zentralpark. Die Fußgängerzone ist von Geschäften und Verkaufsständen gesäumt.

Fast rechtwinklig zweigt die Calle Oficios ab, in der die **Casa de los Árabes** (Arabisches Haus) ein Museum mit spanisch-maurischen Exponaten und den einzigen islamischen Gebetsraum der Insel beherbergt. Einlegearbeiten in den Wänden, Kacheln und Elfenbeinschnitzereien zeigen deutlich maurischen Einfluß. Im kleinen Moscheeraum sind Teppiche, Keramiken und Messingwaren zu bewundern. Öffnungszeiten: Di–Sa 14.30–18.30 Uhr und 19–21.45; So 9–13 Uhr.

In der Nähe präsentiert das **Automobilmuseum** zahlreiche Oldtimer und Edelkarossen, unter anderem einen weißen Rolls-Royce und einen Cadillac aus dem Jahre 1902. Öffnungszeiten: tägl. 9–18 Uhr.

In der benachbarten Straße Obrapía legen im **Casa de África** (Afrikanisches Haus) zahlreiche Exponate Zeugnis von der Geschichte der Afrikaner in Kuba ab. Die Dokumentation reicht von der Zeit der Sklaverei bis zur Revolution. Öffnungszeiten: Di–Sa 14.30–18.30 Uhr; So 9–13 Uhr.

Erste Unterkunft von Ernest Hemingway in Havanna war das **Hotel Ambos Mundos** in der Calle Obispo 153. Das Zimmer 511 wird in dem Zustand seines Aufenthalts (1932–40) bewahrt. Zu den wenigen Erinnerungsstücken gehören seine Schreibmaschine, ein Modell seines Bootes *Pilar* und eine leere Whiskyflasche.

Plaza de la Catedral ✳✳✳

Die prächtige, reich verzierte und mit Säulenkapitellen bestückte **Kathedrale von Havanna,** eine der schönsten barocken Kirchen Lateinamerikas, dominiert den Platz. 1704 wurde mit dem Bau begonnen. Der Hauptaltar aus Carrara-Marmor und Onyx ist reich verziert. Im Hauptschiff sollen die Gebeine von Christoph Kolumbus geruht haben. Öffnungszeiten: Mo–Sa 12–18 Uhr; So 8–10 Uhr.

Auf der anderen Seite des Platzes steht der **Palacio de los Marqueses de Lombillo** aus dem Jahre 1737. Hier befindet sich ein kleines Museum über das Erziehungswesen. Nebenan im 1741 errichteten **Palacio del Marqués de Arcos** ist die Grafikwerkstatt und älteste Druckerei Kubas, Taller Experimental de Gráfica, untergebracht. Hier erhält man handgefertigte Drucke, die frisch aus der Presse kommen. Der alte Briefkasten, der die Form einer griechischen Maske hat, wurde 1840 hinzugefügt, als das Gebäude als Postamt diente. Öffnungszeiten beider Paläste: Mo–Sa 8.30–17.30 Uhr.

Gegenüber der Kathedrale steht der 1720 errichtete Palacio de los Condes de Casa Bayona, in dem sich heute das **Museum für koloniale Kunst** befindet. Eine Halle ist Möbelstücken des 17. bis 19. Jh. gewidmet, eine andere zeigt Kristallglas und Porzellan. Der Glassaal gibt Einblick in den einzigartigen kubanischen Stil der Fenster- und Türgestaltung. Öffnungszeiten: Mo, Mi–Sa 9–17 Uhr; So 9–13 Uhr.

Im Südwesten des Platzes befindet sich die **Victor Manuel Kunstgalerie,** und im Westen ist die 1751 gebaute Casa de Marquis de Agua Claras schöne Heimstatt des Restaurants El Patio. Samstags bieten Händler auf dem Platz, auf dem regelmäßig Musikkonzerte stattfinden, alles mögliche von Kunsthandwerk bis hin zu Büchern an.

Oben: Havannas alte Kathedrale soll eine Zeitlang die Ruhestätte des Kolumbus gewesen sein.

EIN NOBLES FEST

Ein treuer Monarchist des 19. Jh., der Graf von Santovenia, dessen Palast an der Ostseite der Plaza de Armas steht, gab einmal eine Party für die gesamte Bevölkerung von Havanna. Zu diesem Anlaß ließ er die Fassade seines Hauses nach dem Vorbild der Tuilerien in Paris gestalten. Höhepunkt des Festes war der Start des ersten Gasballons, den man auf Kuba sah, und zu dem eine auf dem Dach versammelte Militärkapelle aufspielte. Als der Graf 1865 verstarb, baute ein Colonel aus New York den Palast zum Santa Isabela Hotel um.

Oben: *Statuen der Musen zieren das prächtige García-Lorca-Theater.*

Der Paseo ✶✶

Der kilometerlange Paseo wurde 1772 nach dem Vorbild des Prado in Madrid angelegt und dürfte der malerischste Boulevard seiner Art in Amerika sein. An seinem südlichen Ende steht im Parque Central die vom kubanischen Bildhauer Juan Vallalta de Saavedra geschaffene Statue des José Martí (1853–1895). Westlich des Parks präsentiert das 1838 errichtete **García-Lorca-Theater** seine schöne Fassade unter vier Türmen mit geflügelten Engeln. Auf seiner Bühne, auf der Sarah Bernhardt und Enrico Caruso standen, treten das Nationalballett und die Staatsoper auf. Mit 2000 Sitzplätzen gehört das García Lorca zu den größten Schauspielhäusern der Welt. Gleich nebenan befindet sich das größte Luxushotel der Stadt, das **Inglaterra,** das viele historische Bezüge aufzuweisen hat.

Weiter südlich liegt **El Capitolio,** das Capitol. Es wurde zwischen 1909 und 1913 mit einem Kostenaufwand von 16,4 Mio. US-Dollar errichtet und ist eine exakte Replik des Capitols in Washington. Es beherbergt das **Felip-Poey-Naturkundemuseum** mit einem Planetarium. Öffnungszeiten: Mo–Fr 9–16 Uhr.

Neben dem Capitol steht die Marmorskulptur **La Fuente de la India** aus dem Jahre 1837. In Richtung Bahnhof gelangt man unter der Adresse Calle Paula Nr. 14 zum **Geburtshaus von José Martí** (Casa Natal José Martí), einem Nationalheiligtum. Hier sind in einem interessanten Museum persönliche Gegenstände und Dokumente des am 28. Januar 1853 geborenen Martí ausgestellt. Öffnungszeiten: Di–Sa 10–18 Uhr; So 9–12.45 Uhr.

Nationales Musikmuseum ✶✶

In der Calle Carcel Nr. 1 sind seltene afrikanische Trommeln und Musikinstrumente aus dem 16. bis 19. Jh. ausgestellt, und es wird ein Überblick über die Musik von Kubas gemischten Kulturen geboten. Auch ein Musikarchiv steht zur Verfügung, in dem Besucher der breiten Auswahl der Aufnahmen lauschen können. Öffnungszeiten: Di–Sa 10–18 Uhr; So 9–12 Uhr.

NÄHERES ZUM CAPITOL

• Der »Stern von Kuba« ist unter der 94 m hohen Kuppel in den Boden eingelegt. Der 24karätige blau-weiße Riesendiamant markiert den Kilometer 0 der Autopista.

• Eine 50 t schwere und 11,5 m hohe weibliche Statue, die Kuba repräsentiert und La República heißt, dominiert die Haupthalle.

• Der durch ein verziertes Bronzeportal führende Treppenaufgang wird von zwei 15 t schweren und 6,7 m hohen allegorischen Figuren flankiert: der Arbeit und der Volkstugend.

Palacio de Bellas Artes und Granma Memorial ***

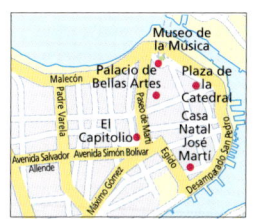

Der zwischen Paseo und dem Altstadtkern gelegene Palacio de Bellas Artes (Museum der Schönen Künste) wurde 1956 errichtet und präsentiert zahlreiche Meisterwerke und Arbeiten der römischen, griechischen, ägyptischen und modernen Zeit. Neben Gemälden von Gainsborough, Reynolds, Canaletto und Turner hängen auch die Werke vieler spanischer und kubanischer Maler, z.B. Vincente Escobar und Wilfredo Lam. Öffnungszeiten: Mi–So 9–17 Uhr.

Eines der verehrtesten Erinnerungsstücke Kubas steht unter Glas in einem Gebäude zwischen National- und Revolutionsmuseum: die originale Jacht *Granma*, mit der Fidel Castro und seine Revolutionsgenossen 1956 in Kuba gelandet sind.

Das Museum der Revolution **

Vor den Grünanlagen an den Resten der alten Stadtmauer steht das zwischen 1913 und 1920 als Präsidentenpalast gebaute Museum der Revolution. Die Ausstellungsstücke führen in die Zeit der Kolonial- und Revolutionsgeschichte. Zu den Exponaten gehören Kleidungsstücke der Revolutionäre und Che Guevaras berühmte schwarze Mütze. Die Geschichte des Unabhängigkeitskampfes wird anhand von Bildern und Darstellungen nacherzählt, und in einem Bereich namens »Ecke der Toren« wird Spott über Amerikas Staatsführer und Kubas frühere Marionettendiktatoren ausgegossen. Öffnungszeiten: Di–Sa 13–18 Uhr; So 10–13 Uhr.

HAVANNAS ZIGARRENFABRIKEN

Es gibt sechs Zigarrenfabriken in und um Havanna. El Laguito produziert im Distrikt Miramar vor den Toren der Hauptstadt, im Stadtbereich selbst sind Partagás, La Corona, H. Upmann, El Rey del Mundo und Romeo y Julieta angesiedelt. La Corona liegt in der Nähe des prächtigen Prado-Boulevards. In den genannten Fabriken werden aus den besten Tabaken der Welt so berühmte Zigarren wie »Romeo y Julieta«, »Monte Cristo« und »Cohíba« hergestellt – mit hölzernen Wickelplatten und nicht, wie die Legende erzählt, mit den Schenkeln einer schönen Mulattin.

Die in der Nähe des Capitols gelegene Fabrik Partagas bietet Führungen an.

Links: *Der frühere Präsidentenpalast gehört zu Havannas schönsten neoklassizistischen Gebäuden und beherbergt heute das Museum der Revolution.*

ZUM SCHUTZE HAVANNAS

Drei der acht alten Festungen Havannas liegen am Malecón, der Kaimauerstraße. Am Ostende steht das 1582 im Auftrag von König Philipp II. gebaute Castillo San Salvador de la Punta. Eine schwere Kette war von hier einst zur Festung El Morro gespannt, die über die Hafeneinfahrt wacht. Der Torreón de San Lázaro wurde im 16. Jh. als Wachtturm gegen drohende Piratenattacken errichtet. Am westlichen Ende des Malecón befinden sich im Castillo de Santa Dorotea de Luna de la Chorrera heute ein Restaurant und eine Bar.

DAS ZENTRUM VON HAVANNA

Havannas Stadtkern wird zum Atlantischen Ozean hin von der berühmten Promenade Malecón begrenzt. Am Malecón stehen einige wichtige Gebäude, und zahlreiche Straßen führen in Richtung Stadtzentrum und zu den moderneren Vierteln der Hauptstadt. Dieser Stadtteil liegt östlich von Havannas modernem Geschäfts- und Wohnviertel Vedado. In Ost-West-Richtung verlaufende Durchgangsstraßen teilen Havannas Zentrum, das von hohen Gebäuden dominiert wird, die vornehmlich Wohnzwecken dienen.

Vom Malecón zweigt die Calle Neptuno ab, wo unter der Hausnummer 303 das Tanzmuseum **Casa de Tango** zu finden ist. Etwas weiter südlich befindet sich stadteinwärts (westlich vom Parque Central) mit der **Calle Rafael** das Haupteinkaufsgebiet dieses Stadtteils. Mehrere Straßenzüge weiter südlich schließt sich im Einzugsbereich der Calle Cucillo Havannas kleines Chinesenviertel an. Zwischen **Chinatown** und dem Capitol befindet sich in der Calle Industria die 1845 gegründete **Zigarrenfabrik Partagás.**

Der Malecón **

Havannas 6 km lange Promenierstraße und Abdeichung zum Meer zieht sich von der Altstadtfestung San Salvador de la Punta westwärts bis zur Befestigungsanlage Santa Dorotea de Luna de la Chorrera. Wie ein Bogen umspannt der Malecón Havannas Atlantikfront, die von über 100 klassizistischen Bauwerken aus dem frühen 20. Jh. gesäumt wird.

Bei einer Fahrt über den Malecón erreicht man von Osten her zunächst das 25stöckige **Hermanos Ameijeiras Hospital,** das Zeugnis von den gewaltigen Anstrengungen ablegt, die das postrevolutionäre Kuba im Gesundheitswesen geleistet hat. Nicht weit entfernt erinnert ein Reiterstandbild aus Bronze und Marmor an den Helden des ersten Unabhängigkeitskrieges, **Antonio Maceo** (1845–1896). Unweit davon steht der im 16. Jh. als Beobachtungsturm errichtete **Torreón de San Lázaro.**

Fast daneben steht das monumentale **Hotel Nacional de Cuba,** das 1927 im eleganten Kolonialstil auf einer landschaftlich umgestalteten Klippe erbaut wurde. 1933 setzten sich hier nach einer nationalen Revolte Regierung und Militär zusammen; Marlon Brando und Winston Churchill übernachteten hier – und Wormold, der Protagonist in Graham Greenes *Unser Mann in Havanna*, tritt im Restaurant des Hotels in Erscheinung.

Weiter die Straße hinab gelangt man zum Denkmal für die **USS Maine,** die am 15. Februar 1898 im Hafen von Havanna explodierte, woraufhin Amerika in den Krieg gegen Spanien eintrat. Nicht weit von hier entfernt erinnert ein weiteres Denkmal an einen Helden der Unabhängigkeitskriege, den **Generalmajor Calixto García** (1839–1898).

Oben: *Das an der Atlantikküste aufragende Hotel Nacional gehört zu den markantesten Gebäuden im Stadtbild von Havanna.*

MAFIAPOKER IN KUBA

Kasinos und Spielbetriebe, Drogen, Prostitution und ruchlose Aktivitäten bildeten die Grundlage des Vermögens, das die Mafia in Kuba erzielte. Mitte der 1930er Jahre faßte sie den Entschluß, Kuba zu einem Glücksspielzentrum zu machen. Bei einem Treffen im Hotel Nacional wurden Batista für die Übertragung der exklusiven Spielrechte in Kuba zwischen 3 und 5 Mio. Dollar jährlich garantiert. 1937 eröffnete Meyer-Lansky Havannas größtes Casino im Hotel Nacional und pachtete Kubas nationale Rennbahn.

DAS MODERNE HAVANNA

Die meisten Gebäude im *La Habana Moderna* genannten
Stadtbezirk Havannas stammen aus der Zeit nach der Revolution von 1959. Nur wenige prunkvolle Häuser erinnern an
die noblen Tage der Zuckerbarone. Typische Beispiele sind
im Distrikt **Vedado** entlang der **Avenida de los Presidentes**
und an verschiedenen anderen Boulevardstraßen zu bewundern, die kreuzgitterförmig zum Malecón führen.

La Rampa *

Die 23. Straße mit dem Namen La Rampa verbindet den
Malecón mit dem Stadtzentrum und der **Plaza de la Revo-
lución.** Sie führt am **Coppelia-Park** mit seinem exotischen
Eiscreme-Restaurant und dem hoch aufragenden **Havana
Libre Hotel** vorbei. Das frühere Havana Hilton wurde in
den späten 1950er Jahren mit Geldern der Mafia errichtet.

Kurz nach der Revolution bezog Castro
hier ein Privatquartier und nutzte die
Suite 2406–8 für offizielle Zusammen-
künfte der Regierung.

An der Kreuzung zwischen La
Rampa und der Avenida de los Presidentes liegt die 1728 gegründete **Universität von Havanna.** Auf der gegenüberliegenden Straßenseite zeigt das
Napoleonische Museum einige Besitz-
tümer des Kaisers Napoleon Bonapar-
te: seine Pistole, einen Hut mit Doppel-
zipfel, ein Teleskop und die Totenmas-
ke. Auch die Couch der Kaiserin
Josephine ist ausgestellt. Öffnungszeiten: Mo–Sa 9–12 Uhr und 13–16 Uhr.

Plaza de la Revolución ***

Die Stätte des kubanischen Regie-
rungssitzes ist der politische und wirtschaftliche Mittelpunkt des Landes.
Hier befinden sich die meisten Regie-
rungsämter, unter anderem auch Castros Präsidentenbüro im Palast der

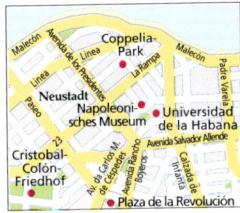

Revolution, das Gebäude des Zentralkomitees der Kommunistischen Partei, das Zuckerministerium und die Ministerien der Revolutionären Streitkräfte und des Inneren. Hier prangt ein riesiges Wandbild Che Guevaras. Auf der Plaza de la Revolución hält Fidel Castro immer am 1. Januar eine Ansprache, zu der sich bis zu zwei Mio. Menschen einfinden.

Den Süden des Platzes dominiert das 142 m hohe Monument für **José Martí** (1853–1895). Der eher häßliche Obelisk überragt eine 18 m große Statue des kubanischen Nationalhelden um 21 Stockwerke. Ohne Begleitung eines akkreditierten Führers sollte man sich nicht zu lange auf dem Platz aufhalten, denn oft patrouillieren hier Wachsoldaten, da es verboten ist, sich der Statue zu nähern oder gar die Stufen zum sitzenden Martí hinaufzusteigen.

Friedhof Cristóbal Colón **

Am Ende der 23. Straße liegt Havannas ausgedehnter Christoph-Kolumbus-Friedhof. Unzählige künstlerisch hochwertige Arbeiten aus Marmor und Granit zieren das Mausoleum. Gräber haben die Form von Pyramiden, Festungen, kleinen Wohnhäusern oder griechischen Tempeln, Grüften schwelgen in Marmor und Bronze, und sogar eine Reproduktion von Michelangelos *La Pietà* ist zu sehen. Der Friedhof wurde mit den Worten »Symphonie aus Kreuzen und Marmor« beschrieben und ist eine Sehenswürdigkeit.

DAS TROPICANA

Das im Dezember 1931 als »größter Nachtklub der Welt« eröffnete Tropicana präsentiert bis heute eine der aufwendigsten Musikshows der Welt. Es beschäftigt über 200 Tänzer sowie Orchester, Bands und afro-kubanische Ensembles. Das »Paradies unter den Sternen« hatte schon Berühmtheiten von Carmen Miranda über Rita Montander und Nat King Cole bis Benny More zu Gast. Das 15 Fahrtminuten südwestlich vom Stadtzentrum im Distrikt La Ceiba gelegene Haus bietet um eine Drehbühne herum 1050 Zuschauern Platz. Die Aufführungen im Tropicana beginnen um 22.30 Uhr, eine zweite Vorstellung wird um 1 Uhr gegeben.

Havanna auf einen Blick

BESTE REISEZEIT

April und **Mai** sind die besten Monate für einen Besuch Havannas, obwohl sich die Temperaturen bei einer Luftfeuchtigkeit von etwa 78% ganzjährig um die 26 °C bewegen. Eine schlechte Reisezeit gibt es im Grunde nicht. In den feuchtesten Monaten **September** und **Oktober** ist allerdings mit kurzen und heftigen Regenschauern zu rechnen.

ANREISE

Die meisten Besucher treffen auf Havannas **José Martí International Airport** ein, der 15 km südwestlich des Stadtzentrums liegt. Gewöhnlich wartet vor der Ankunfthalle ein Transferbus in die Stadt. Taxis und Lokalbusse fahren von den Haltestellen auf dem Parkgelände ab. Individualreisende sollten nach »Cubatur« Ausschau halten und ein »Turistaxi« verlangen. Die Fahrt mit einem solchen offiziellen Taxi in die Stadt wird etwa 15–20 US-Dollar betragen, doch man sollte den Preis vorher absprechen.

VERKEHRSMITTEL

Die wichtigsten Sehenswürdigkeiten Havannas – und besonders der Altstadt – besucht man am besten zu Fuß. Für längere Strecken warten vor den meisten Hotels schon Wagen von »Turistaxi«; Tel.: 79 19 40 oder 79 88 28. Billiger, doch ebenfalls nur gegen Dollar, fährt

»Panataxi«; Tel.: 81 01 53 oder 81 41 42. Private Taxis, die mit Pesos bezahlt werden können, nehmen auch Dollars an. Busfahrten durch die Stadt sind nicht zu empfehlen.

ÜBERNACHTEN

Altstadt von Havanna
MITTELKLASSE
Plaza Hotel, Ignacio Agramonte Nr. 267, Tel.: 07/33 85 83; eines der elegantesten Jahrhundertwende-Hotels.
Hotel Inglaterra, Prado/Ecke San Rafael, Tel.: 07/33 85 93; prachtvoll mit spanischen Fliesen und Statuen ausgestattet.
Hotel Sevilla, Calle Trocadero Nr. 55, Tel.: 07/33 85 60; das ehemalige Seville Biltmore Hotel ist Schauplatz einer Szene in Graham Greenes Roman *Unser Mann in Havanna.*

PREISWERT
Deauville Hotel, Calle Galiano Nr. 1 (zwischen Malecón und San Lázaro), Tel.: 07/33 88 12; »modernes« Hotel aus den 1950er Jahren mit eigenem Swimmingpool.
Lincoln, Calle Galiano/Ecke Calle Virtudes, Tel.: 07/33 82 09; Ausstattung aus den 1950ern, gemütliche Atmosphäre, günstige Lage.

Modernes Havanna
LUXUS
Melia Cohíba, Paseo/Ecke Malecón, Vedado, Tel.: 07/33 36 36; gilt als Tophotel des Landes; modernes Gebäude mit getönten Glaselementen.

Cubanacan Comodoro, 3. Straße/Ecke 84. Avenida, Miramar, Tel.: 07/24 55 51; in den 1970er Jahren renoviert, mit Bungalows und Pool.
Copacabana Hotel, Calle 1, zwischen 44. und 46. Straße, Tel.: 07/24 10 37; hübsches Hotel mit Naturschwimmbecken in schönem Garten.
Havana Libre, 23./Ecke L-Straße, Vedado, Tel.: 07/33 40 11; das ehemalige *Havana Hilton* ist ein wenig heruntergekommen und wird von einer spanischen Hotelkette eher schlecht als recht betrieben.
Nacional de Cuba, 21./Ecke O-Straße, Vedado, Tel.: 07/33 35 64; unbestritten Havannas bestes modernes Hotel, exzellente Lage.

MITTELKLASSE
Capri, 21./Ecke N-Straße, Vedado, Tel.: 07/33 37 47; seinerzeit mit Mafiageldern erbautes Hotel mit Dachpool und guter Ausstattung.
Hotel Riviera, Malecón/Ecke Paseo, Vedado, Tel.: 07/33 40 51; in den späten 1950er Jahren vom Mafiaboß Meyer-Lansky für 40 Mio. US-Dollar gebaut; sehr exklusiv; der Nachtklub eröffnete 1957 mit einer Ginger-Rogers-Show.

PREISWERT
Victoria Hotel, 19. Straße Nr. 101/Ecke M-Straße, Vedado, Tel.: 07/33 35 10; zentral; ideal für Geschäftsreisende.

Havanna auf einen Blick

Caribbean Hotel, Calle Prado Nr. 164 an der Calle Colón, Tel.: 07/62 20 71; klein, preiswert und freundlich.

Ambos Mundos Hotel, Calle Obispo/Ecke Calle Oficios, Tel.: 07/6 95 30; klein und preiswert, in Havannas Altstadt gelegen, Hemingway wohnte hier.

Umgebung von Havanna
Luxus
Cubanacan Marina Hemingway, 248. Straße/ Ecke 5. Avenida, Santa Fe, Tel.: 07/24 11 50; endlos weit im Westen der Hauptstadt, jedoch exzellente Umgebung und Leistungen.

Cubanacan El Viejo y el Mar, 248. Straße/Ecke 5. Avenida, Santa Fe, Tel.: 07/24 63 36; ebenfalls am Hemingway Marina; am Meer gelegenes Hotel mit unterschiedlichen Preiskategorien.

RESTAURANTS

12 Apostles Spanish Restaurant, Castillo El Morro, Tel.: 63 82 95; serviert kreolische Speisen.

Taberna Castillo de los Tres Reyes del Morro Inn, Castillo El Morro, Tel.: 63 51 29; bietet breite Auswahl an Snacks und Getränken.

La Divina Pastora, Cabana Festung, Tel.: 62 38 86; bekannt für Meeresfrüchte.

El Medina Restaurant, Calle Oficios Nr. 12, in der Altstadt von Havanna, Tel.: 61 07 22 und 61 24 32; Küche des Mittleren Ostens.

El Patio, am Platz der Kathedrale, Tel.: 61 45 50; hübsches spanisches Gebäude von 1775 mit Lichthof um einen zentralen Brunnen; Speisesäle im Erd- und Zwischengeschoß; im Obergeschoß befindet sich die Bar La Capilla, im Lichthof die Mahagonitheke der Bar El Patio; serviert Snacks und Pizzas.

El Floridita, Calle Obispo/Ecke Calle Monserrate, in der Altstadt von Havanna, Tel.: 63 10 70; internationale und kubanische Küche, berühmte Daiquiris.

La Bodeguita del Medio, Calle Empedrado Nr. 207, Tel.: 62 44 98 und 62 51 65; eröffnet im Jahre 1942; Graffiti-Botschaften und die Unterschriften von Präsidenten und Sängern zieren die Wände; Hemingway war Stammgast und prägte das berühmte Zitat: »Meinen Mohito im Bodeguita und meinen Daiquiri im Floridita«; Fidel Castro, Errol Flynn und Nat King Cole speisten hier; unbedingt reservieren!

La Torre de Marfil, Calle Mercaderes, in der Altstadt von Havanna, Tel.: 62 34 66; chinesische Küche.

La 1647 Torre de la Chorrera, am Malecón in der Nähe des Almendares, Tel.: 3 45 04 und 3 99 63 und 3 99 07; alte Waffen und Kunstgegenstände zieren die Räumlichkeiten; traditionelle kubanische und spanische Küche.

Restaurant 1830, in der Nähe des Almendares-Tunnels, Tel.: 3 45 04, 3 99 63 und 3 99 07; vielfältige internationale und kubanische Delikatessen.

La Cecilia, 5. Avenida/Ecke 110. Straße, Playa, Tel.: 33 15 62; internationale Küche der Spitzenklasse.

El Ranchón, 19. Avenida/Ecke 140. Straße, Playa, Tel.: 23 58 38; steht im Ruf der besten kubanischen Küche Havannas.

Papas and Fiesta, Marina Hemingway, 248. Straße/ Ecke 5. Avenida, Santa Fe, Tel.: 33 11 50; exzellente Meeresfrüchte im Papas, Fleischgerichte im Fiesta.

Pavo Real, 7. Avenida Nr. 205, Miramar, Tel.: 33 23 15; soll die beste chinesische Küche Havannas bieten.

AUSFLÜGE

Die meisten Hotels werben im Namen von Agenturen für diverse Rundfahrten durch die Altstadt und das Zentrum Havannas sowie zu den wichtigsten Sehenswürdigkeiten außerhalb der Stadt. Der Besuch der einzigen für die Öffentlichkeit zugänglichen Zigarrenfabrik **Partagás** ist ein Muß – hier können die manuelle Produktion beobachtet und Zigarren gekauft werden.

NÜTZLICHE ADRESSEN

Infotour, Calle Obispo Nr. 252, in der Altstadt von Havanna, Tel.: 07/61 15 44.

Asistur, Prado Nr. 254, in der Altstadt, Tel.: 07/62 55 19.

Cubatur, Calle 23 Nr. 156, Vedado, Tel.: 07/32 65 07, Fax: 07/33 33 30.

Havanatur S.A., Calle 2 Nr. 17, Miramar, Playa, Tel.: 07/24 21 61 und 24 22 73, Fax: 07/24 26 01.

3
Die westliche Halbinsel

Der lange, schmale Inselstreifen westlich von Havanna bildet Kubas drittgrößte Provinz, Pinar del Río. Sie hat 600 000 Einwohner und ist eine der reichsten unter Kubas 14 Regionen. Im Nordwesten gibt es Kupferminen und Erdöl, und es wächst hier der beste Tabak der Welt, der in Vuelta Abajo zu Zigarren verarbeitet wird. Zu den landwirtschaftlichen Produkten gehören Zucker, Baumwolle, Wurzelknollen, Mais und Obst. Im Zuge der Tourismusförderung werden Gebiete zum Jagen, Fischen und Tauchen erschlossen, und auch Höhlenerkundungen und Strandurlaub gehören zum touristischen Angebot der Region.

Der Name Pinar del Río bedeutet »Pinien des Flusses« und verrät etwas über den Anblick, der den Besucher der gleichnamigen Stadt erwartet. Die Pinienwälder sind in der ganzen Provinz verbreitet, die zu Kubas schönsten Gebieten gehört. Als schroffe Gebirgszüge erstrecken sich die **Sierra de los Órganos** und die **Sierra del Rosario** bis ins Herz der Provinz. Die interessanteste topographische Erscheinung ist das ebenso seltsame wie wundervolle **Tal von Viñales,** in dem große Felskegel namens *mogote* aufragen. Die Provinz hat zwölf Naturschutzgebiete, sechs Nationalparks und drei bedeutende Heilquellen.

Die Nordküste ist mit hübschen Stränden, ausgedehnten Korallenriffen, Sandbänken und vorgelagerten Inselchen des **Archipiélago de los Colorados** eine wichtige Touristenattraktion. Im äußersten Westen liegt die einsame Halbinsel **Guanahacabibes,** die nach einem hier früher siedelnden amero-indianischen Stamm benannt ist, von dem noch einige historische Stätten zeugen.

SEHENSWERTES

*** Soroa: schöner Botanischer Garten und Orchideen hoch in der Sierra
*** Tal von Viñales: dramatische Landschaft mit Felsformationen und Höhlen
** Indianerhöhle: unterirdische Flußfahrt bei Viñales
* Viñales: bezaubernde alte Häuser, Botanischer Garten
* Tabakmuseum in Pinar del Río: erzählt die Geschichte der Pflanze im Herzen von Kubas Tabakanbaugebieten
* Rumfabrik Casa Garay: Heimat des Guayabita-Likörs

Gegenüber:
Traditionelles Wohnhaus eines Tabakbauern in der Provinz Pinar del Río.

Unten: *Seltsame Kalk-steinfelsen namens* mogote *geben der Sierra del Rosa-rio ihr typisches Gepräge.*

Pinar del Río

PINAR DEL RÍO-STADT

Wandernde Tabakbauern kamen im 18. Jh. in die heutige Provinz Pinar del Río, um sich dem Handelsmonopol der damaligen Regierung zu entziehen. Etwa zur gleichen Zeit begannen Kaffeepflanzer, Plantagen im hügeligen Umland anzulegen. Kaffee und Tabak spielen auch heute noch eine wichtige Rolle in der 175 km südwestlich von Havanna gelegenen Provinzhauptstadt. Abseits der breiten Haupt-straße geht das Leben rund um den älteren Stadtteil einen geruhsamen Gang. Viele Gebäude wirken mit ihren Veran-dagittern und verzierten Terrassen äußerst attraktiv, aber alle könnten einen neuen Anstrich vertragen.

An der Hauptstraße er-hebt sich die neoklassizisti-sche **Kathedrale** aus dem Jahre 1883, eines der ältesten Gebäude der Stadt. Ganz in der Nähe befindet sich das **José Jacinto Milanés Thea-ter,** seit seiner Gründung im Jahre 1838 kulturelles Zen-trum der Stadt. Das voll-ständig aus Holz gebaute Haus bietet 520 Besuchern Platz und ist stolz auf seine grandiose Einrichtung im Stil des 19. Jh. Nebenan steht das Provinzmuseum **Museo Histórico de la Ciudad,** mit verschiedenen Exponaten, Drucken und Photographien und Kunst-werken, die Zeugnis von der Geschichte der Region ablegen. Es gibt eine ge-treue Nachbildung einer amero-indianischen Höh-lenwohnung. Öffnungs-zeiten: Di–Sa 14–18 Uhr; So 9–13 Uhr.

Die größte Attraktion des **Historischen Museums** ist die Sammlung von persönlichen Gegenständen und Noten des hier geborenen Komponisten des Cha-Cha-Cha, Enrique Jorrin. Öffnungszeiten: Di–Sa 14–22 Uhr; So 18–22 Uhr.

Das **Naturkundemuseum** (Museo de Ciencias Naturales) ist in einem der bemerkenswertesten Häuser der Stadt untergebracht, dem **Guasch-Palast.** Zu den Ausstellungsstücken gehören Fossilien, ausgefallene Steinformationen, Mineralien und Kristalle. Das Gebäude, das der weitgereiste Dr. Guasch zwischen 1909 und 1914 in einem abenteuerlichen Gemisch aus ägyptischer, gotischer, barocker und maurischer Architektur errichten ließ, trägt den Spitznamen »Harmonie des Chaos«. Öffnungszeiten: Di–Sa 14–18 Uhr; So 8–13 Uhr.

Die **Casa de la Cultura** ist Kunstgalerie, Bibliothek und Informationszentrum der Stadt. Hier finden Dichterlesungen oder Theateraufführungen statt. Die **Casa de Trova** bietet regelmäßig regionale und nationale Folkloreprogramme an. Das **Tabakmuseum** aus dem Jahre 1853 gibt einen Überblick über die Kultur des Tabaks, für den die Region berühmt ist. In dem blaugetünchten Gebäude, das der Stadt einst als Gefängnis diente, befindet sich heute eine Tabakfabrik, in der Besucher den Herstellungsprozeß von Zigarren beobachten können. Die 30 Arbeiter des Betriebs stellen jährlich etwa 1,3 Mio. Serbio-Zigarren her. Öff-

Oben: *Da Benzin rationiert ist, gibt es noch Pferdekarren.*

TABAK

In Kuba wachsen die 1–2 m Höhe erreichenden Tabakpflanzen, die jährlich zu über 300 Mio. der weltbesten Zigarren verarbeitet werden. Nach der Ernte werden die Tabakblätter in langen Hütten auf Gestellen getrocknet. Schließlich werden sie nach Beschaffenheit und Farbe in fünf Sorten unterteilt, zusammengebunden und zu Ballen von jeweils 320 Stück gebündelt. Die Blätter werden entrippt und fermentiert. Schließlich fertigen die *torcedores* (Dreher) das Endprodukt. Die Zigarrenherstellung in Handarbeit ist eine Kunst für sich und erfordert jahrelange Übung. Das Endprodukt ist »Puro Habano«, die echte, handgerollte Havanna-Zigarre.

HAVANNA-ZIGARREN

Torcedores (wörtlich: Dreher) stellen die echten Havanna-Zigarren in Handarbeit her. In ein nach Farbe, Beschaffenheit und Stärke ausgewähltes Tabakblatt werden Blätter der Sorten *ligero, seco* und *volado* gerollt. Nun wird die vorgeformte Zigarre in einer Wickelform gepreßt, mit einem Deckblatt *(copa)* umwickelt und dann mit einem gerundeten Messer *(chaveta)* gestutzt. Nachdem ein Ende mit Tabak und Pflanzenleim versiegelt worden ist, wird die Zigarre auf die gewünschte Größe geschnitten. Die *torcedores* stellen an einem achtstündigen Arbeitstag je nach Form und Größe zwischen 100 und 120 *puros* her. Es gibt 60 verschiedene Formen.

nungszeiten während der Zigarrenproduktionsmonate Mai–Nov: Mo–Fr zu den üblichen Arbeitszeiten. Ein nahegelegener Werkstattladen bietet lokales Kunsthandwerk an, unter anderem Webarbeiten und Keramiken, die als hübsche Souvenirs gerne gekauft werden. Öffnungszeiten: Mo–Fr 10–17 Uhr.

Das **Museo Antonio Guiteras Holmes** zeigt eine historische Dokumentation über die gesamte Region und ihre Verflechtung in den Kampf zur Vertreibung des Diktators Gerard Machado. Guiteras stieg in diesem Kampf zum lokalen Helden auf. Persönliche Gegenstände, Waffen, Kleidungsstücke und Dokumente erinnern an seine Aktivitäten.

Die unmittelbar südlich des Stadtzentrums gelegene **Rumfabrik Casa Garay** stellt den berühmten Likör Guayabita del Pinar her. Eine nur hier wachsende kleine, wilde Guavensorte wird mit lokalem Rum und einer bestimmten Mischung aus Kräutern und Gewürzen versetzt. Die Fabrik produziert das Getränk schon seit über 200 Jahren. Es gibt eine süße Variante, den Likör, und den extrem trockenen Guayabita Seca. In einem kleinen Laden stehen die Spirituosen zum Verkauf bereit. Öffnungszeiten der Fabrik: Mo–Fr 10–17 Uhr.

Links: *Inmitten der friedvollen Szenerie eines weiten Tales präsentiert die Stadt Viñales stolz ihre malerischen alten Häuser.*

VIÑALES

Ungefähr 25 km nördlich von Pinar del Río liegt in den Tiefen der Sierra de los Organos das hübsche kleine Dorf Viñales. Die fruchtbare rote Erde und ein perfektes Mikroklima haben die Umgebung des Ortes zu einem landwirtschaftlichen Zentrum für Gemüseanbau gemacht. 1607 errichteten die Spanier hier ein Fort, und die amero-indianische Bevölkerung war gezwungen, Zuflucht in den Höhlen der Umgebung zu suchen. 1895 bauten Tabakfarmer Viñales in der Erkenntnis aus, daß die fruchtbare rote Erde einen der besten Tabake der Welt gedeihen läßt. Das Dorf selbst hat abgesehen von einigen hübschen Holzhäusern mit Verandengittern und Säulen, einer Kirche aus dem 19. Jh. und einer Buchhandlung nicht viel zu bieten. An der Hauptstraße liegen die beiden Restaurants **La Brisas** und **La Casa de San Tomás** – letzteres befindet sich im ältesten Haus von Viñales, das 1822 errichtet wurde. Ein Schmuckstück ist der **Botanische Garten** der Stadt.

Das Tal von Viñales ★★★

Im Erdzeitalter des Jura vor 160 Mio. Jahren hatten unterirdische Flüsse die Kalksteinberge von Guaniguanico derart ausgewaschen, daß sich auf 150 km² Fläche eine riesige Höhle gebildet hatte. Das Gewölbe dieser enormen Höhle wurde nur von schmalen Säulen härteren Gesteins getragen und brach schließlich ein. Über das Trümmergestein ragten

KARSTLANDSCHAFT

Im Kalksteingebirge Sierra de los Órganos ragen in mehreren Tälern die sogenannten *mogote* in die Höhe, die berühmtesten bei Viñales (siehe Foto S. 45). Man bezeichnet solche Gebiete mit dem Begriff Karstlandschaft. Weltweit gibt es nur wenige vergleichbare Landschaften, so im ehemaligen Jugoslawien, im Nordwesten Puerto Ricos, in Malaysia, bei Guilin in Südostchina und im Norden Vietnams

Oben: *Großformatige Felsmalereien an der Steilwand eines* mogote. **Gegenüber:** *»Kubas Regenbogen«, Wasserfall in idyllischer Waldlandschaft nahe einer Orchideenfarm.*

> **DIE ORCHIDEEN VON SOROA**
>
> In Soroa kann man den berühmten **Frauenschuh,** die seltene **Guaria,** die erotische **Cattleyas** und die aufgeblasene **Aguadijas de Columbia** bewundern. Berühmt geworden ist das Tal unter anderem für eine Art, die den Duft von Kaffee verströmt. Halten Sie Ausschau nach der seltenen **Ave de Paraíso** (Paradiesvogelorchidee) und der noch selteneren **Flor San Pedro.** Wer näheres Interesse an den hier gezüchteten Orchideen hat, findet in der Universität von **Pinar del Río** eine gut bestückte Fachbibliothek. Beste Besuchszeit sind die warmen »Wintermonate«.

fortan die Stümpfe der einstigen Säulen auf. Während die Jahrmillionen verstrichen, verwandelte die Erosion das Trümmergestein in fruchtbare rote Erde. Die Säulenstümpfe schrumpften zu abgeflachten Hügeln, den *mogote,* die wie riesige Bakkenzähne aus dem ansonsten flachen Talschnitt in die Höhe ragen.

Das Tal von Viñales sieht von oben aus wie ein riesiger Flickenteppich in den smaragd-, jade- und flaschengrünen Farbtönen der Tabakpflanzen. Zu Hunderten stehen die Tabaktrockenhäuser mit ihren Palmdächern wie Punkte in der Landschaft.

Das Tal ist weltfern, ein wenig gespenstisch und Heimat von einigen Pflanzen- und Tierarten, die seit Urzeiten überlebt haben. Die äußerst rare Korkpalme *(palma corcha)* ist ein lebendes Fossil. In den vielen unterirdischen Flüssen und Seen des umliegenden Hochlandes fristen seltene Exemplare eines blinden Albinofisches und andere primitive Wassertiere schon seit Jahrtausenden ein isoliertes Leben.

An den Hängen des *mogote* **Dos Hermanos** (zwei Brüder) ist unweit der Ortschaft Viñales unter der Schirmherrschaft von Präsident Castro und der Nationalen Kubanischen Akademie der Wissenschaften die Mauer der Entwicklungsgeschichte entstanden. Sie stellt die Evolutionsgeschichte von der Amöbe bis zum modernen Menschen dar. Die 1920 wiederentdeckte Indianerhöhle **Cueva del Indio,** in der Werkzeuge der amero-indianischen Guanahatabey gefunden wurden, liegt im Norden von Viñales. Die Akademie der Wissenschaften präsentiert außerdem Knochen aus einem antiken Begräbnisfeld in der Höhle. Seit 1952 ist die Höhle mit Elektrizität ausgestattet, und Besucher können eine Bootsfahrt über den milchig-grünen Fluß unternehmen, die an sonderbaren Felsformationen sowie Stalaktiten und Stalagmiten vorbeiführt.

SOROA ★★★

Am Rande eines von der UNESCO zum Naturreservat der Biosphäre erklärten Gebietes in der **Sierra del Rosario** liegt in einem schönen Tal in 200 m Meereshöhe, nur etwa 65 km von Pinar del Río entfernt, der hübsche Ort Soroa. Der Überlieferung zufolge soll ein französischer Kaffeepflanzer namens Jean Paul Soroa das Tal von Soroa entdeckt haben, als er 1791 während der haitianischen Revolution nach Kuba floh. Noch heute tragen mehrere Familien den Namen Soroa, und wie vor 200 Jahren wächst hier noch immer Kaffee.

Im **Orchideengarten** werden 700 verschiedene Arten von Orchideen gezogen, von denen mehr als ein Drittel in Kuba heimisch ist. Außerdem sind auf ungefähr 3,5 ha Parkfläche 50 kubanische Baumarten und etwa 20 000 Pflanzensorten anzutreffen.

In einer idyllischen Talschneise stürzt ein beeindruckend schöner Wasserfall über eine 22 m hohe Kaskade in die Tiefe. Ein Holzpfad mit 170 Stufen führt von einem Parkplatz neben der Straße zu dem Becken hinab, das den Namen »Honeymoon Pool« trägt und tief genug für ein erfrischendes Bad ist. Da sich häufig ein Regenbogen über den Was-

SOROAS GESCHICHTE

Im frühen 20. Jh. kam ein Immigrant von den Kanarischen Inseln namens Tomás Felipe Camacho mit seiner Tochter nach Soroa. Die junge Frau starb bei der ersten Niederkunft. Der trauernde Vater sammelte und züchtete seitdem die Lieblingsblumen seiner Tochter. Er reiste um die Welt auf der Suche nach seltenen Exemplaren für seinen Garten, um sich schließlich auf Orchideen zu spezialisieren.

Oben: *Auf dem Land nutzen Arbeiter jede Transportmöglichkeit.*

MARIA LA GORDA

Eine von vielen Versionen der Legende um María la Gorda (Fette Maria) besagt, daß Piraten eine Schenke im kolumbianischen Cartagena überfielen und eine hübsche Bardame nach Kuba entführten. Sie ließen das Mädchen eine Bar und ein Badehaus führen, die nur oberflächlich das tatsächliche Gewerbe ummantelten. Das Mädchen erwarb immensen Reichtum – und Körperfülle. Eine Zwillings-Steinformation an der Küste trägt zum Gedenken den Namen *Las Tetas de María la Gorda* (Die Brüste der Fetten Maria). In der Nähe des heutigen Tauchgebietes sollen ihr Vermögen und Piratenbeute versteckt sein.

---

serfall spannt, hat der Ort im Volksmund den schmükkenden Beinamen »Kubas Regenbogen« erhalten. Von ausgebildetem Personal geführte Rundgänge durch den Orchideengarten beginnen jede halbe Stunde täglich außer freitags zwischen 9.30 Uhr und 17.30 Uhr.

DIE HALBINSEL GUANAHACABIBES

Die lange, flache und nahezu unbewohnte Tiefebene der Halbinsel Guanahacabibes im äußersten Westen der Provinz Pinar del Río ist über eine schmale Straße zu erreichen. Sie führt quer durch den gesamten Inselstreifen und endet am westlichsten Ende Kubas, am Cabo San Antonio. Die Straße führt am großen See **Laguna Grande** vorbei, der ein sehr beliebtes Ziel von Anglern ist. Weiter westlich endet die Autopista im Dorf **La Fe** in der Nähe der Nordwestküste und wird hier von einer zweispurigen Nebenstraße abgelöst.

Die Halbinsel Guanahacabibes ist Nationalpark, UNESCO-Naturreservat der Biosphäre und Tierschutzgebiet. Im südwestlichen Zipfel ist **María la Gorda** ein Geheimtip unter Tauchern, die inmitten der spektakulären Unterwasserwelt schon zahlreiche antike Wracks entdeckt haben.

Die westliche Halbinsel auf einen Blick

Beste Reisezeit

Abgesehen von einigen regnerischen Intervallen zwischen **Mai** und **Oktober** ist das Wetter ganzjährig schön. Dennoch gelten **November** bis **April** als beste Reisezeit, da Temperatur und Luftfeuchtigkeit in diesen Monaten höhere Werte erreichen.

Anreise

Kubas sechsspurige Autopista beginnt im Westen Havannas und durchschneidet die Provinz Pinar del Río in der Mitte. Auch die Haupteisenbahnlinie führt mitten durch die Provinz und bindet die meisten Städte an Havanna an. Die Flugverbindungen sollen ausgebaut werden.

Verkehrsmittel

Die Autopista endet in Pinar del Río-Stadt, von wo eine Hauptstraße weiter nach La Fé im äußeren Westen führt. Alle größeren Städte und Ortschaften sind durch das Straßennetz verbunden. Öffentliche Verkehrsverbindungen sind eher selten, doch die Hotelrezeptionen vermitteln Mietwagen oder Taxis. Telefonnummern für Taxis: 9 57 35 und 9 34 41. Hotels helfen auch beim Anmieten von Fahrrädern.

Übernachten

Pinar del Río-Stadt
MITTELKLASSE
Hotel Pinar del Río, Calle José Martí, Pinar del Río, Tel.: 0 82/ 50 75; ein recht abschreckendes Hotel im kompakten Stil der 1970er Jahre, mit Swimmingpool.

PREISWERT
Vueltabajo Hotel, Calle José Martí/Ecke Calle Rafael Morales, Pinar del Río, Tel.: 08/9 23 03; freundliches Haus, kürzlich renoviert, guter Gegenwert fürs Geld.
Hotel Marina, Calle José Martí, Pinar del Río, Tel.: 08/9 25 58; renovierungsbedürftig, aber gutes Preis-Leistungs-Verhältnis.

Provinz Pinar del Río
MITTELKLASSE
La Ermita Motel, La Ermita Highway, Viñales, Pinar del Río, Tel.: 08/9 32 04; modern, gut ausgestattet, schöne Lage über dem Tal und der Stadt, Swimmingpool, komfortable Zimmer.
Los Jazmines Hotel, Viñales Highway, Viñales, Pinar del Río, Tel.: 08/9 32 05; schöne Lage mit gutem Blick auf das Tal, modernes Hotel mit neoklassizistischen Gebäuden und Swimmingpool.

PREISWERT
Villa Laguna Grande, Carretera Central, Candelaria, Unterbringung im Ranchstil, sehr einfach ausgestattet, ländliche Umgebung.
Villa Soroa, Soroa Highway, Soroa, Tel.: 0 85/21 22; Ferienanlage mit guten Zimmern und Swimmingpool.

Restaurants

Pinar del Río-Stadt
Rumayor Restaurant, 5 Minuten vom Zentrum entfernt an der Autopista Viñales, Tel.: 08/9 32 03; lokale Küche, zu empfehlen sind geräuchertes Schweinefleisch und Hühnchen.

El Marino Restaurant, Calle Martí/Ecke Calle Rubio, eins der gehobenen Restaurants der Stadt.
La Casona Restaurant, gegenüber vom Theater, auf kreolische und kubanischspanische Küche spezialisiert.
La Taberna, Calle Ramón Nr. 103, González Coro, spanische Küche.

Provinz Pinar del Río
Casa de Don Tomás, Autopista Viñales, spezialisiert auf scharfe *ajiaco-criollo*-Gerichte.
Valle de Prehistoria, in der Nähe der Felsmalereien im Tal von Viñales, spezialisiert auf geröstetes Schwein nach lokaler Art.
Cueva del Indio, nördlich des Tals von Viñales, lokale Küche, scharfe Gerichte.

Ausflüge

Die meisten Hotels in Pinar del Río bieten einen Ausflugsservice in Rezeptionsnähe. Es werden Ausflüge in Begleitung lokaler Führer in die gesamte Region angeboten. Tagsüber und abends gibt es häufig lokale Musik- und Tanzvorführungen.
Spezialtouren: Das Umland von Pinar del Río ist ein beliebtes Zielgebiet für Höhlenwanderungen, Vogelbeobachtungen, botanische Exkursionen, Tauchen und Schnorcheln, Fischen, Jagen und Reiten.

Nützliche Adressen

Aeropuerto Pinar del Río, Tel.: 0 82/6 30 88 und 0 82/6 31 96.
Provincial and Municipal Tourism Agency, Pinar del Río, Tel.: 08/9 32 02.

4
Kubas Westen

Drei Provinzen bilden den Westen Kubas: **Havanna,** **Matanzas** und **Cienfuegos.** Die Landschaft ist von sanften Hügelketten und weiten, flachen Ebenen geprägt. Niedrige Landflächen säumen die südliche Küstenlinie, während die Nordküste vor allem östlich von Havanna ausgezeichnete Strände zu bieten hat, darunter den weltberühmten Strand von **Varadero.**

Matanzas-Stadt ist die Hauptstadt der Provinz Matanzas, in deren Süden sich die weiten Mangrovensümpfe der **Halbinsel Zapata,** die in den **Golf von Batabano** hinausragt, ausdehnen. Das berühmte Naturschutzgebiet auf der Halbinsel gehört zu den schönsten seiner Art in ganz Amerika. Im Süden dieses Inselteils öffnen sich die berühmte **Schweinebucht** und die taschenförmige **Bucht von Cienfuegos,** ein großer Naturhafen, zum Karibischen Meer. Die gleichnamige Hauptstadt der Provinz **Cienfuegos** ist historisch und kulturell interessant.

DIE PROVINZ HAVANNA

Sie ist eine der kleinsten von Kubas 14 Provinzen und hat sowohl eine atlantische als auch eine karibische Küstenlinie. Im sumpfigen Süden gibt es nur wenige Orte von touristischem Interesse. Unweit südlich und östlich der Hauptstadt aber locken im Gebirgszug **Escaleras de Jaruco** Ausflüge durch üppige Landschaften, Angebote zum Reiten sowie andere Unternehmungen auf dem Land. Neben den Sehenswürdigkeiten in der Umgebung von Havanna lohnt sich ein Besuch des **Nationalzoos,** des **Lenin-Vergnügungsparks** und des **Botanischen Gartens Celia Sánchez.**

SEHENSWERTES

*** Cárdenas: historische Stadt von architektonischem Interesse an der Nordküste
*** Schatzlagune und Guamá: Nachbildung eines amero-indianischen Dorfes
*** Playa Varadero: einer der weltschönsten Strände
** Auf Hemingways Spuren: Besuchen Sie sein Haus und sein Angelparadies Cojímar.
** Bellamar-Höhlen: historisches Untergrundsystem
** Schweinebucht: Stätte des Invasionsversuchs

Gegenüber: *Der berühmte weiße Sandstrand von Varadero hat sich längst zum Magneten für Urlauber entwickelt.*

Hemingway-Museum ★★

Südöstlich von Havanna befindet sich im Städtchen San
Francisco de Paula das Ernest-Hemingway-Museum im An-
wesen **La Finca Vigía** auf dem Hügel Bacalao, der die
Hauptstadt überschaut. Hemingway bezog das Haus im
Dezember 1939 und wohnte über 20 Jahre hier. Er sagte von
sich: »Mein wahres Zuhause liegt in Kuba«. Das weiße Kolonialstilgebäude wurde 1887–88 gebaut und ist von 9 ha
Gartenfläche umgeben. Nach dem Tode des Schriftstellers
fiel La Finca Vigía an die kubanische Regierung und gilt
heute als Teil des Nationalerbes. Nur durch die Fenster
kann der Besucher Gegenstände betrachten, die von Hemingways abenteuerlichem Leben als Jäger, Fischer, Aus-
landskorrespondent, Reisender und Schriftsteller erzählen.
Öffnungszeiten: Mi–Sa 9–16 Uhr; So 9–12 Uhr.

Cojímar ★★

Hemingway gehörte zu den leidenschaftlichen Anglern, die
Cojímar als Ausgangshafen schätzten. Unsterblichkeit er-
langte das östlich von Havanna gelegene Fischerdorf durch
Hemingways mit dem Nobelpreis bedachte Erzählung *Der
alte Mann und das Meer* und den Roman *Inseln im Strom*. Das
Restaurant mit Bar **La Terraza** war Hemingways Lieb-
lingsort. Hier lernte der Schriftsteller auch Gregorio Fuentes

kennen, der ihn zur Beschreibung des alten Mannes in seiner Erzählung inspirierte. Auch wurde Fuentes zum Kapitän seines Schiffes, der *Pilar*, mit der beide zahlreiche Fahrten in den »großen blauen Strom« unternahmen. Als Hemingway 1961 starb, fertigten die Fischer aus Beschlägen ihrer Boote eine Büste zu seinem Andenken, die bis heute gegenüber der alten Festung auf Cojímars Promenade steht.

Das La Terraza ist in Hemingways Büchern beschrieben und wurde 1972 auf Weisung Fidel Castros zu einem Feinschmeckerlokal mit internationalem Ruhm ausgebaut.

Guanabacoa **

Die östlich von Havanna gelegene Stadt ist ein Zentrum für afro-kubanische Musik und Tanz. In der **Casa de la Cultura** an der Máximo Gómez-/Ecke Nazarenos-Straße gibt die Folkloregruppe von Guanabacoa Vorstellungen mit dem Ziel, traditionelle Tänze, rituelle Handlungen und Musik zu bewahren. Das **Historische Museum** besitzt eine der besten Sammlungen afro-kubanischer Kostüme, Musikinstrumente und Totems. Öffnungszeiten: Mo, Mi–Sa 10.30–18 Uhr; So 9–18 Uhr.

Playas del Este **

Die als »blauer Bogen« gerühmten Playas del Este (östlichen Strände) sind ein Band aus sieben sandigen Stränden und vier kleinen Freizeitanlagen im Osten Havannas. Die Habaneros schätzen das Gebiet, weil es leicht zu erreichen ist und weil die Strandeinrichtungen für jeden Geschmack und jeden Geldbeutel etwas zu bieten haben. Ausrüstung für sämtliche Wassersportarten steht zur Vermietung bereit, einschließlich Kanus, Surfbrettern und Wasserski. Zu den Ausflugszielen gehören eine Zuckerfabrik, eine Rumbrennerei, Indianerhöhlen und eine Rinderfarm. Auch Wanderungen und Vogelbeobachtungen gehören zum Freizeitangebot.

FISCHE

Circa 900 verschiedene Fischarten bevölkern die Meere um Kuba, z.B. der schwarze, blaue und weiße Marlin, Schwertfisch, Sägefisch, Zackenbarsch und Hai. Zahlreiche bunte Korallenfische bevölkern die Riffe. Süßwasseranglern gilt der berühmte Großmaulbarsch als begehrt – viele haben in den kubanischen Gewässern angebissen und für immer höhere Rekorde gesorgt.

Gegenüber: *La Finca Vigía, Hemingways Landhaus am Stadtrand.*
Unten: *Der alte Mann und das Meer am Hemingway Marina.*

Havanna
Varadero
Matanzas
Cienfuegos
Isla de la
Juventud

Die Provinz Matanzas

Östlich von Havanna, aber noch immer im westlichen Drittel der Insel, bietet eine der größten Provinzen Kubas sehr kontrastreiche Landschaftsbilder. Es gibt traumhafte Strände, dichte Wälder, Sümpfe, tiefe Flußtäler und weite Ebenen mit Zuckerrohrplantagen. Die Provinz grenzt an die Küsten des Atlantischen Ozeans und des Karibischen Meeres.

Matanzas-Stadt ★★

Die 1690 gegründete Stadt ist vom Kulturzentrum des 19. Jh. (»Korinth der Karibik«) zu einem recht farblosen Ort verkommen, den die meisten Besucher auf dem Weg von Havanna nach Varadero nur durchfahren. Das zwischen die Flüsse **Yumuri** und **San Juan** eingebettete Matanzas hat einen wichtigen Hafen und einen bedeutenden Verladebahnhof für Zuckerrohr. Das spanische Wort *matanzas* bedeutet »Schlächterei« – ein Hinweis auf die zahlreichen Schweine, die hier zur Versorgung der spanischen Flotte geschlachtet wurden. Ein halber Tag reicht für die wichtigsten Sehenswürdigkeiten aus.

Das imposanteste Gebäude von Matanzas ist das **Sauto-Theater,** das 1863 auf dem Höhepunkt der kulturellen Blüte der Stadt erbaut wurde. Es galt als Schwestertheater des Milanés in Pinar del Río und des

Terry-Theaters in Cienfuegos. Es thront über der Bucht von Matanzas und ist eines der schönsten neoklassizistischen Gebäude Kubas. 1969 wurde es von Grund auf restauriert. Öffnungszeiten: Mi–So 13–15 Uhr.

Zu den interessantesten Attraktionen der Stadt gehört das **Pharmaziemuseum,** das einzige seiner Art in Lateinamerika. Es wurde im Zustand des 19. Jh. belassen und zeigt urtümliche chemische Gerätschaften, Apothekergläser aus Sèvres-Porzellan, Mörser, Flaschen, Vitrinen und allerlei Instrumente. Öffnungszeiten: Mo–Sa 10–18 Uhr; So 9–13 Uhr.

Oben: *Varaderos 20 km langer silberweißer Sandstrand sucht in der Karibik seinesgleichen.*

Gegenüber: *Blick von Kubas längster Brücke nach Süden auf die Landschaft von Bayacunayagua in der Provinz Matanzas.*

Im blauen **Palacio Junco** aus dem 19. Jh. ist heute das Museum der Provinzgeschichte untergebracht, in dem eine umfangreiche Sammlung von Dokumenten, eine Darstellung der Geschichte der Sklaverei und eine interessante archäologische Abteilung zu sehen sind. Fragen Sie nach der mysteriösen Mumie von Matanzas. Öffnungszeiten: Di–So 10–12 Uhr und 13–18 Uhr.

Die **Kathedrale San Carlos** wurde 1693 errichtet und 1878 nach einem verheerenden Brand an gleicher Stelle wiederaufgebaut. Sie hat eine kunstvolle Freskendecke. Vor ihren Toren liegt der schattige **Milanés Park,** der nach dem berühmten lokalen Poeten Jacinto Milanés benannt ist.

Die **Casa de Trova** ist die Heimat von Kubas berühmtester Rumbaband Los Muñequitos de Matanzas. Außerdem wird Matanzas als Geburtsort von Miguel Failde gefeiert, dem Schöpfer des *danzón,* einer Version des französischen *contredanse.* Besuchen Sie hier am Samstagnachmittag oder -abend eine afro-kubanische Musikveranstaltung.

Ein beliebter Ausflug von Varadero führt zu den unmittelbar nordöstlich vor Matanzas gelegenen **Bellamar-Höhlen,** die 1850 zufällig entdeckt wurden, als der Hund eines Arbeiters in dem unterirdischen System verschwand. Die 2,5 km langen Gewölbegalerien sind eine Wunderwelt aus Kalksteinformationen mit phantasievollen Namen. Öffnungszeiten: tägl. 9.30–16.30 Uhr.

KORALLENRIFFE

Die meist jungfräulichen Korallenriffe in den Gewässern um Kuba ziehen sich über Tausende von Kilometern hin. Mit Kubas Riffen im Golf von Mexiko, im Atlantischen Ozean und im Karibischen Meer können sich nur Australiens Great Barrier Reef und die Riffe vor dem lateinamerikanischen Land Belize messen. Lateinamerikas zweitlängstes Korallenriff liegt vor Kubas Nordküste.

Oben: *Einige der nobelsten und bestausgestatteten Hotels Kubas säumen den Strand von Varadero.*

Varadero ★★★

Von Matanzas führt die Straße nach Norden und an der Bucht von Matanzas vorbei auf die Halbinsel Hicacos und zum berühmten Strand von Varadero. Viele Besucher Kubas verbringen ihren gesamten Aufenthalt an diesem ausgedehnten Strandstreifen. Obwohl an der Nordwestküste umfangreiche Entwicklungsarbeiten geleistet wurden, ist die Halbinsel zu großen Teilen noch ein ungestörtes Paradies.

Varadero Beach gehört zu den saubersten Stränden der Welt und ist gleichzeitig Kubas längster Strand und sein bedeutendstes Feriengebiet. Das durchschnittlich 26 °C warme Wasser ist kristallklar und seicht, und der leicht abschüssige Sandstrand wird von Korallenbänken geschützt. Die tropische Lage gewährleistet im Jahresdurchschnitt 12 Sonnenstunden pro Tag, doch die Passatwinde sorgen für erfrischende Abkühlung. Während Varadero in den 1940er und 1950er Jahren ein beliebtes Feriengebiet war, brach der Tourismus nach der Revolution ein, bis die Regierung sich in den 1970er Jahren um seine Wiederbelebung bemühte.

Vor der Ankunft der Spanier im frühen 15. Jh. bewohnten amero-indianische Jäger, Fischer und Sammler die Halbinsel. Es wurden zahlreiche Höhlenmalereien entdeckt; diverse Funde haben ein Alter von über 3200 Jahren. In der Nähe des Strandes befinden sich die **Piratenhöhlen,** die vom 16.–18. Jh. vielen Piraten als Versteck dienten; von hier aus lauerten sie den mit Gold und Silber beladenen spanischen Schiffen auf, die an der Halbinsel vorübersegelten. Die Freibeuter räucherten aber auch Schweinefleisch und verkauften es an vorüberziehende Schiffsbesatzungen. Heute werden die Höhlen als Diskothek oder Theater genutzt.

PIRATENSCHÄTZE

Auf dem Höhepunkt der spanischen Beutezüge segelten Flotten von bis zu 30 voll beladenen Galeonen von Havanna die Nordküste entlang und weiter nach Europa. Als eine jener Flotten 1628 aus der Bucht von Matanzas heraussegelte und Kurs auf Spanien nehmen wollte, kaperte der Kommandant der 31 Schiffe starken holländischen Westindienflotte, **Piet Pieterson Heyn,** sämtliche Galeonen, plünderte sie aus und versenkte sie. Noch heute soll irgendwo vor der Einfahrt in die Bucht ein Großteil der Schätze auf dem Meeresboden begraben liegen.

Die **Ambrosio-Höhle** gehört zu den bekanntesten Höhlen Kubas. In ihr wurde 1961 die umfassendste Ansammlung von Skizzen der kubanischen Ureinwohner gefunden. Es handelt sich um 47 rot-schwarze Bilddiagramme und 71 Zeichnungen, die unter anderem Vögel, einen primitiven Kompaß oder Kalender, eine raumschiffähnliche Darstellung und einen Konquistadoren erkennen lassen. Die Skizzen ähneln in verblüffender Weise denen, die im Süden der Niederländischen Antillen entdeckt wurden. Eine 20 m lange Vorgalerie führt zum »Lichtraum«, dessen Gewölbedach von zehn Öffnungen zerschnitten ist. Hinter diesem verzweigt sich der Tunnel in zwei Schächte, die zu weiteren Galerien führen.

In Varadero werden alle erdenklichen Unterhaltungsformen und Strandaktivitäten angeboten. Die kleine Stadt Varadero, das Herz der touristischen Entwicklung, besitzt Kunstgalerien, ein kleines Museum, ein Aquarium sowie Souvenir- und Kunsthandwerkläden.

Cárdenas ***

Knapp 20 km südöstlich von Varadero liegt die 1828 gegründete Stadt Cárdenas mit ihrem hübschen Hafen, der seit jeher zur Verschiffung des in der Region angebauten Zuckerrohrs diente. Heute ist die 70 000 Einwohner zählende Stadt ein wichtiges Zentrum der Zucker- und Fischverarbeitung. Sie besitzt zahlreiche architektonische Juwelen, die verschiedene Epochen von Baustilen repräsentieren. Die in einem Sumpfgebiet erbaute Stadt wurde damals von mehreren Kanälen durchzogen. Im Unterschied zu anderen Orten sind in Cárdenas bis heute Pferdedroschken das häufigste Transportmittel.

Plaza Colón, der Platz des Kolumbus, ist Mittelpunkt der Stadt. Bis Mitte des 18. Jh. trug er die Namen verschiedener spanischer Monarchen. Dann aber beauftragte der Bürgermeister den spanischen Bildhauer Piquier mit der Anfertigung einer

---

EIN GUTES GESCHÄFT

Bezaubert von Varaderos Stränden, kaufte der reiche amerikanische Industrieboß **Irenee Du Pont** 1929 der kubanischen Regierung den Großteil der Halbinsel zu einem geringen Preis ab. Er baute sich im Mittelteil der Halbinsel ein luxuriöses Haus und nannte es nach einem Gedicht von Samuel Taylor Coleridge »Xanadu«. Das Haus, das auf die Unterbringung von 100 Gästen ausgerichtet war, ist heute die Adresse eines der exklusivsten Restaurants der Insel, Las Americas, das auch eine Bar führt. Du Pont verkaufte Grundstücke an wohlhabende Amerikaner, die den Strand in den 1940er und 1950er Jahren als Feriengebiet entdeckten.

Unten: *Die Colón-Kathedrale in Cárdenas ist nur eines von vielen schönen Gebäuden aus dem 19. Jh.*

FLAGGENSTADT

Um Spaniens Herrschaft über Kuba zu beenden, versuchten 1850 in Cárdenas sechs Kubaner und 594 Männer aus New Orleans, Anhänger für ihre Sache um sich zu scharen. Die Revolte scheiterte rasch und sie verschwanden, ohne daß ein einziger Schuß gefallen war, auf einem Dampfer namens *Creole* aus Kuba. Doch ihr Versuch wird gefeiert, denn während ihres Aufenthaltes in der Stadt wurde zum ersten Mal die kubanische Flagge gehißt. Cárdenas trägt bis heute den Namen »Flaggenstadt«.

Statue von Christoph Kolumbus, die auf dem Hauptplatz der Stadt enthüllt wurde. Es war übrigens die erste Kolumbus-Statue, die man in Amerika aufstellte. Über den Platz erhebt sich die beeindruckende **Kathedrale** aus dem Jahre 1846, die einige großartige Buntglasfenster aufzuweisen hat.

Ebenfalls an der Plaza Colón steht das **La Dominica Hotel,** das ursprünglich als Gouverneursresidenz erbaut wurde. Es wurde von López im Zuge eines gescheiterten Putsches besetzt und so zum ersten Hotel der Stadt. Früher wurde hier Zuckerrohr auf die Schleppkähne verladen. Das stolze alte Haus wurde 1919 restauriert und ist heute ein nationales Kulturdenkmal. Eine Gedenktafel erinnert daran, daß hier 1850 erstmals die kubanische Flagge gehißt wurde.

Der **Molokoff-Markt** befindet sich in einem für Kuba untypischen zweistöckigen Gebäude aus Stahl, das die Form eines Kreuzes hat. Die 17 m hohe Kuppel wurde in den USA konstruiert und in den 1840er Jahren montiert. Angeblich soll sie nach dem Vorbild des Reifrocks, der zur Bauzeit des Marktes modern war, gestaltet worden sein.

In einem Haus aus dem Jahre 1873 befindet sich in der Calle Genes zwischen der Avenida 4 und der Calle 12 das **Museo José Antonio Echavarría.** Es ist das Geburtshaus des Studentenführers, der 1957 von Batistas Gefolgsleuten auf den Stufen der Universität von Havanna erschossen wurde. Eine steile, schmale Wendeltreppe verbindet die beiden Stockwerke. Die Erinnerungsstätte an Echeverria dient gleichzeitig als allgemeines Museum der Lokalgeschichte. Öffnungszeiten: Di–Sa 12–20.30 Uhr; So 8–12 Uhr.

Schatzlagune und Guamá ***

An einer kleineren Straße nach Girón bei **La Boca** befindet sich der Ausgangspunkt für eine Bootsfahrt über

einen langen Kanal zur Schatzlagune und der Rekonstruktion des amero-indianischen Dorfes Guamá. Es ist nach einem Häuptling der Taíno benannt, der der Überlieferung zufolge den Stammesschatz in dem großen See versenkt haben soll, um die Plünderung des Dorfes durch die Spanier zu verhindern. Guamá besteht aus zehn künstlichen Inseln, die durch einfache Stege miteinander verbunden sind. Für Touristen stehen 44 Holzhütten mit Palmdächern zur Verfügung, ein Restaurant, eine Cafeteria, ein Taíno-Museum und ein Aussichtsturm. In der Nähe leben in Zuchtbecken 40 000 Krokodile und Alligatoren. Für den Besuch dieses Gebietes ist ein Mückenschutzmittel unbedingt zu empfehlen.

Halbinsel Zapata **

Der Zapata-Nationalpark liegt westlich der Straße, die von der Autopista hinab zur Schweinebucht und nach Girón führt. Manche Historiker vermuten, daß Zapata (der Schuh) nach der äußeren Form des Sumpfgebiets benannt wurde. Andere führen den Namen auf einen spanischen Konquistadoren zurück, der das Gebiet in Besitz nahm, um die letzten Amero-Indianer zu vertreiben. Die ausgedehnte und nahezu unbewohnte Halbinsel besteht aus 300 000 ha Buschwald und Unterholz, circa 40 000 ha Sumpfland und 2255 ha Waldbestand. Mitten im Sumpfgebiet befindet sich der Zugang zu einem der größten unterirdischen Höhlen- und Seensystems Amerikas. Zapata ist die Heimat von Krokodilen und Mangroven sowie das Verbreitungsgebiet von zahlreichen Vögeln und Sectieren. In dem großen Reservat sind 90% der auf Kuba nachgewiesenen Vogelarten anzutreffen.

Oben: *Die Halbinsel Zapata ist die Heimat von seltenen Vögeln, Seekühen und Krokodilen.*
Gegenüber: *Rita Longas Statuen von Amero-Indianern verleihen dem Taíno-Dorf Guamá zusätzliche Atmosphäre.*

SEEKÜHE

Seekühe sind der Ursprung der Seefahrerfabeln über Meerjungfrauen. Sie können bis zu 4 m lang und 680 kg schwer werden. Die geschützte Spezies ist ein im Küstenbereich lebender Pflanzenfresser, der sich mit den Vorderflossen durch Seegras arbeitet, das ihm als Nahrung dient. Die grauen Seekühe sind selten geworden, doch mitunter entdeckt man sie noch in den küstennahen Mangrovensümpfen der Halbinsel Zapata.

Die Schweinebucht (Bahía de Cochinos) und Girón **

Die Schweinebucht greift wie ein schmaler Finger des Karibischen Meeres in die Landfläche der Halbinsel Zapata. Das Feriengebiet Girón hat einen kleinen Strand und ist nach dem bekannten Piraten aus dem 17. Jh., Gilberto Girón benannt.

Am 17. April 1961 wurde die Schweinebucht weltberühmt, als über 1400 vom CIA ausgebildete Söldner und Castro-feindliche Exilkubaner hier landeten. Sie starteten von Stützpunkten in Nicaragua und Guatemala und wurden von 14 Kriegsschiffen und 24 Flugzeugen, darunter Maschinen mit irreführenden kubanischen Abzeichen – unterstützt. Bei Playa Girón und Playa Larga wurden sie von kubanischen Truppen erwartet. Fidel Castro führte persönlich den Oberbefehl. Nach 72 Stunden Kampf, in denen zahlreiche Aggressoren getötet, Flugzeuge abgeschossen und Schiffe versenkt wurden, konnten Castros Truppen den Sieg verkünden. Fünf Tage nach der Schlacht in der Schweinebucht verhängte Präsident Kennedy ein totales Handelsembargo gegen Kuba, das bis heute gilt.

An der **Playa Girón** erinnern ein Denkmal und ein Museum mit Waffen, Uniformen, Gerätschaften, Karten und Photographien an die Schlacht. Vor dem Museum sind ein britisches Kriegsflugzeug, mit dem die kubanischen Streitkräfte ein Nachschubschiff der Angreifer versenkten, die Reste eines B-26-Bombers und ein eroberter amerikanischer Panzer zu sehen. In einem anderen Teil des Museums erinnert eine Sammlung an den ersten kubanischen Astronauten, der im Rahmen eines sowjetischen Raumfahrtprojekts in den Weltraum flog. Öffnungszeiten: Di–So 9–17 Uhr.

Oben: *Die Schweinebucht ist heute ein Hafen der Stille und Lebensraum vieler Tiere.*

DIE KUBAKRISE

Erst nach dem Fiasko in der Schweinebucht, der amerikanischen Wirtschaftsblockade, einigen mysteriösen Bombenattentaten in Havanna und CIA-unterstützten Anschlägen auf Fidel Castro erklärte sich Kuba zu einem sozialistischen Staat. Als Moskau im Oktober 1962 auf Kuba Mittelstreckenraketen zu stationieren versuchte, sah die Welt nervös zu, wie Kennedy Chruschtschow aufforderte, die Waffensysteme abzuziehen. Nie stand die Welt so nahe vor einem Atomkrieg wie während der sogenannten Kubakrise.

DIE PROVINZ CIENFUEGOS

Die kleine Provinz Cienfuegos umschließt die taschenförmig ins Inselinnere greifende Bucht von **Jagua** (auch: Cienfuegos). Zwar ist die Provinz überwiegend flach, doch im Südosten dominiert das **Escambray-Gebirge** die Landschaft, unter anderem der **Pico de San Juan,** der mit 1156 m zu Kubas höchsten Bergen zählt. Hauptanbauprodukt der Provinz ist Zucker; in den Hügeln des Escambray werden auch kleine Mengen Kaffee und Kakao geerntet. Während in den ländlichen Gebieten vorwiegend Ackerbau betrieben wird, ist Cienfuegos City eine wichtige Industrie-, Gewerbe- und auch Hafenstadt.

Cienfuegos-Stadt **

Die von dem spanischen Priester und Historiker **Bartolomé de la Casas** 1514 gegründete Stadt wird vom Bild der Festung **Castillo de Jagua** dominiert, die von den Spaniern im 18. Jh. errichtet wurde. Sie diente dem Schutz der an der Bucht gelegenen Dörfer und zur Kontrolle der Aktivitäten von Schmugglern. Unterhalb der Festung liegen die ruhigen Straßen und Holzhäuser des kleinen Fischerdorfes **Perche,** das Mitte des 19. Jh. von Einwanderern aus Mallorca und Valencia gegründet wurde. Kubas erste Zuckerfabrik nahm 1751 in der Nähe von Cienfuegos den Betrieb auf. Als 1804 die Bedeutung des Ortes als Hafenstadt erkannt wurde, begannen die Behörden mit der Konstruktion der nötigen Anlagen.

Heute hat die blühende Stadt 100 000 Einwohner. Noch im vorigen Jahrhundert wurde behauptet, daß die Bucht groß genug für alle Flottenverbände der Welt sei. Cienfuegos erzielt seinen Wohlstand aus Kunstdünger- und Zementherstellung, Ölraffinierung, Mehlproduktion, Fischerei, Zuckerhandel sowie Obst- und Tabakanbau. Die Pläne für ein Atomkraftwerk wurden 1992 zurückgestellt. Die lokale Bevölkerung nennt Cienfuegos auch zärtlich »Linda Ciudad del Mar« (Schöne Stadt am Meer).

SÜSSES LEBEN

Zuckerrohr wurde im späten 16. Jh. von den Kanaren nach Kuba importiert. Die erste kommerzielle Plantage nahm 1603 den Betrieb auf, und Mitte des 19. Jh. gab es inselweit 14 000 Plantagen. Während Kuba 1955 noch die weltweit größte Zuckerproduktion innehatte, nahm das Land 1994 nur noch Platz 7 der Liste der Produzenten ein.

Unten: *Das Haus eines Köhlers in Girón.*

Parque Martí

Westlich des Prado, der Hauptverkehrsstraße der Stadt, liegt der hübsche Platz Parque Martí, der mit Ziersträuchern, eisernen Laternen und schattenspendenden Königspalmen ausgestaltet ist. Er wird flankiert von mehreren schönen Gebäuden im Baustil des 19. und frühen 20. Jh. Die Statue José Martís markiert die Stelle der Stadtgründung im Jahre 1819. Im Zentrum des Platzes steht ein Musikpavillon, in dem öffentliche Aufführungen stattfinden.

An der Ostseite des Platzes erhebt sich unter zwei Türmen und einer Kuppel eindrucksvoll der mächtige Steinbau der **Kathedrale der Unbefleckten Empfängnis.** Die zwölf mächtigen Fenster des 1870 vollendeten Gebäudes repräsentieren die zwölf Apostel. Rechs neben der Kathedrale schließt sich das **Stadtmuseum** an, zu dessen Exponaten Waffen, Dokumente und Photographien von Helden und Patrioten aus Cienfuegos gehören. Gegenüber der Kathedrale erhebt sich der mit dem Staatswappen verzierte **Triumphbogen**, hinter dem sich das **Kulturhaus** (Casa de la Cultura) befindet, in dem Konzerte und Lesungen stattfinden. Dieses Gebäude beherbergt außerdem das Konservatorium und die Roberto-García-Valdez-Bibliothek. Vom kleinen Turmbau aus hat man einen ausgezeichneten Blick über den Platz. Die **Casa de Gobierno** dient heute als Rathaus – ihre gewaltige Kuppel ist rot-weiß gestrichen und setzt einen famosen Kontrapunkt zum blau-weißen Hauptteil des Palastes.

Palacio del Valle **

Am Ende des Prado in Punta Gorda steht auf einem liebevoll gepflegten Grundstück der mogulmaurische, großartige Bau des Palacio del Valle. Er beherbergt das **Museum der Dekorativen Künste.** Das Haus wurde im frühen 20. Jh. von einem spanischen Geschäftsmann errichtet. In den 1950er Jahren wandelte der Bruder von Fulgencio Batista den spektakulären Palast in ein Casino für sein nahegelegenes Hotel Jagua um. Kurz nach der Revolution wurde hier die Musikakademie untergebracht. Heute ist das Haus mit einem reizenden Restaurant ausgestattet und zeigt eine Ausstellung mit wertvollen Möbelstücken und Porzellangegenständen.

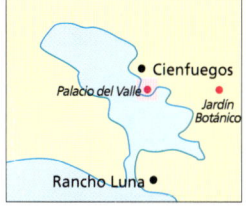

Botanischer Garten Soledad **

15 km östlich von Cienfuegos wartet Kubas größter Botanischer Garten mit 2000 Pflanzenarten, 200 Kakteenarten, 20 Bambussorten und zahlreichen exotischen Bäumen, darunter 45 Palmenarten, auf Besucher. Die 1852 gestaltete Anlage ist 36 ha groß. Öffnungszeiten: Di–So 9–17 Uhr.

Umgebung von Cienfuegos-Stadt

Ebenfalls östlich der Stadt steht auf dem **Friedhof Tomás Acea** eine 1926 errichtete kleinere Replik des Pantheons von Athen. Der Friedhof ist letzte Ruhestätte mehrerer Revolutionäre, ein Denkmal erinnert an die Märtyrer des Aufstandes von 1957. Öffnungszeiten: tägl. 7–17 Uhr.

Der nahegelegenste Strand befindet sich 20 km südlich von Cienfuegos. Hier wurde die Ferienanlage **Rancho Luna** erbaut. Ein kurzer Spaziergang nach Westen führt zu einem weiteren Strand, der gewöhnlich wesentlich leerer ist. Der seltsame Bau, den man bei der Fahrt von der Stadt zum Strand auf der anderen Seite der Bucht sieht, ist das aufgegebene kubanische Atomkraftwerk.

SPUK IM CASTILLO DE JAGUA

1732 starb die schöne Frau von **Juan Castilla Cabeza de Vaca,** dem Kommandanten von Castillo de Jagua. Sie wurde in der Festung beigesetzt. Ein Jahrhundert später berichteten in der Festung stationierte Soldaten von einem großen schwarzen Vogel, der sich nachts in den Geist einer blauen Frau verwandele und die Wachtposten heimsuche. Man vermutete, daß die blaue Erscheinung der Geist von de Vacas Frau sei, die nach ihrem Mann suche und fälschlicherweise die Wachtposten für diesen hielt. Die Legende erzählt von einem Wächter, der den Verstand verlor, nachdem er die Erscheinung angegriffen und am nächsten Morgen blaue Stoffreste an seinem Schwert gefunden hatte.

Gegenüber: *Ein Musikpavillon in Cienfuegos zeigt die Bedeutung der Musik in Kuba.*
Links: *Prunkbau und ehemaliges Casino: der exotische Palacio del Valle in Cienfuegos.*

Kubas Westen auf einen Blick

BESTE REISEZEIT

Die Regenzeit dauert etwa von Mai bis Oktober, doch schlechtes Wetter herrscht im Grunde nur selten. Unangenehm können karibische Hurrikans werden. Während der Regenzeit ist es heißer und feuchter als im Jahresschnitt.

ANREISE

Die Strände in Havannas Osten, Matanzas-Stadt und Varadero sind über die sehr gute Straße an der Nordküste leicht zu erreichen. Die Autopista verläuft quer durch das Land und bietet auch einen guten Anschluß zur Halbinsel Zapata, Girón und Cienfuegos-Stadt.

VERKEHRSMITTEL

Die Provinz Havanna ist über ein ausgedehntes Straßennetz leicht zu bereisen. Mietwagen sind in Havanna-Stadt zum Teil schwer zu bekommen. Varadero bietet diesbezüglich besseren Service.

ÜBERNACHTEN

Provinz Havanna

Die meisten Besucher der Sehenswürdigkeiten um Havanna wohnen in den Hotels der Stadt, doch auch verschiedene Hotels an den Stränden östlich der Hauptstadt bieten Übernachtungsmöglichkeiten an.

Playas del Este
MITTELKLASSE

Aparthotel Atlántico, Av. de las Terrazas, Santa María del Mar, Tel.: 06 87/25 60; alle modernen Einrichtungen vorhanden, klimatisierte Räume, Swimmingpool.

Hotel Tropicoco, Avenida Sur, Santa María del Mar, Tel.: 06 87/25 31; modernisiertes Hotel mit Ferieninfrastruktur.

Matanzas

Die meisten Besucher von Matanzas übernachten in einem der schönen Touristenhotels am nahen Varadero Beach. Es gibt jedoch auch einige Hotels in der Stadt.

MITTELKLASSE

Hotel Louvre, Parque Libertad, Tel.: 0 52/40 74; gute Unterkunft in einem traditionellen Haus.
Velasco Hotel, Calle 79, Tel.: 0 52/44 43; großes, kürzlich modernisiertes, traditionelles Haus.
Villa Guamá, Laguna del Tesoro, Zapata, Tel.: 0 59/29 79; Unterbringung am See in Pfahlbauhütten mit Palmdächern, alle wichtigen Einrichtungen vorhanden.

PREISWERT

Villa Playa Girón, Playa Girón, Schweinebucht, Zapata, Tel.: 0 59/41 18; exzellente Hüttenunterkünfte, preiswertes Essen.
Villa Playa Larga, Playa Larga, Schweinebucht, Zapata, Tel.: 0 59/72 25; einfache Unterkunft in preisgünstigen Chalets.

Varadero
LUXUS

LTI Bellacosta, Avenida Las Américas, km 3, Tel.: 05/66 72 10; internationales Strandhotel der Luxusklasse.
Sol Palmeras, Motorway South, Tel.: 05/66 70 09;

hufeisenförmige Anlage mit Suiten, Zimmern und Bungalows.
Villa Quatro Palmas, 60. Straße/Ecke 1. Avenida, Tel.: 05/66 70 40; Hazienda-Stil, exzellente Ausstattung, Swimmingpools.
Melia Varadero, Motorway South, Tel.: 05/66 70 13; modern, Ausstattung von hohem Standard, großer Swimmingpool.

MITTELKLASSE

International, Avenida Las Américas, Tel.: 05/66 70 38; einst Spitzenhotel von Varadero, Renovierung nötig.
Villa Arenas Blancas, 64. Straße/Ecke 1. Avenida, Tel.: 05/6 26 38; kleines Hotel in guter Lage, Geschäfte in der Nähe.
Villa Punta Blanca, Reparto Punta Blanca, Tel.: 05/66 80 50; schön gestalteter Garten, einfache Unterkünfte, jedoch ordentlich und gemütlich.
Kawama, Camino del Mar, Tel.: 05/66 71 56; 1950er-Villa mit Swimmingpool; einst Versteck von Al Capone.

PREISWERT

Villa Solimar, Carretera de las Américas, Tel.: 05/6 22 17; Unterbringung im Bungalowstil, mit allen Einrichtungen von internationalem Standard.
Villa Barlovento, 11. Straße/Ecke Camino del Mar, Tel.: 05/66 71 40; modern, preiswert, einfach eingerichtet.
Villa Los Delfines, Playa Avenida/Ecke 36. Straße, Tel.: 05/66 77 20; Unterbringung im Bungalowstil direkt am Strand.

Kubas Westen auf einen Blick

Cienfuegos

MITTELKLASSE

Hotel Jagua, Calle 37, Punta Gorda, Tel.: 04 32/20 21; in den 1950er Jahren für Casinobesucher erbaut, in Stadtnähe, gute Ausstattung, Swimmingpool.

PREISWERT

Pasacaballos, km 22, Rancho Luna Highway, Tel.: 04 32/9 60 13; guter Standard, stadtfern, schöner Strand und hübscher Ausblick.

Rancho Luna, km 15, Rancho Luna Highway, Tel.: 0 43/4 81 20; Hüttenunterkünfte, stadtfern, klein, schöner Strand.

Faro de Luna, km 18, Pasacaballo Highway, Tel.: 04 34/81 49; Motel mit allen modernen Einrichtungen.

RESTAURANTS

Provinz Havanna

La Terraza, Calle Real/Ecke Calle Candelaria, Cojímar, Tel.: 65 34 71; eines der besten Meeresfrüchte-Lokale des Landes.

Matanzas

Louvre Hotel, Plaza de la Libertad, Tel.: 40 75; bekannt für *morros y cristianos.*

La Vina, Plaza de la Libertad, 83./Ecke 290. Straße, für Snacks zu empfehlen.

Schweinebucht

Villa Playa Girón hat zwei Restaurants, eines serviert die beste Hummerpizza der ganzen Insel! Tel.: 41 10.

Guamá, Schatzlagune, Halbinsel

Zapata, Tel.: 0 59/29 79; in diesem nachgebauten ameroindianischen Dorf gibt es mehrere Cafés und Restaurants.

Varadero

Las Américas, Carretera de las Américas, Tel.: 6 34 15; ausgezeichnete Küche, besonders Meeresfrüchte, vornehme Atmosphäre, Reservierung erforderlich.

El Bodegon Crillo, Avenida Playa/Ecke Calle 40, Tel.: 6 21 80; gute kubanische Küche.

Mi Casita, Camino del Mar, Calles 10 und 11, Tel.: 6 37 87; gute Steaks und Meeresfrüchte.

El Mesón, Retiro Josone, Calle 1, 56. und 59. Straße, Tel.: 6 27 40; populäre Adresse mit internationaler Küche.

El Criollo, Avenida Primera/Ecke Calle 18, Tel.: 6 32 97; exzellente lokale Küche.

Mediterráneo, Avenida Primera/Ecke Calle 54, Tel.: 6 24 60; Geheimtip für kreolische Küche.

Cienfuegos

Palacio Valle, Punta Gorda, Hotel Jagua, Tel.: 63 02; exzellente Meeresfrüchte, aber auch bekannt für Fleischgerichte.

La Verja, Avenida 54, Tel.: 63 11; populäres Lokal mit über 100 Gerichten auf der Speisekarte.

Covadonga, Calle 37 zwischen O and 1a, Punta Gorda, Tel.: 69 49; Paellas und spanische Küche.

El Mandarín, Ecke der Ave-

nida 60, Tel.: 74 90; chinesische und gemischt kubanisch-chinesische Küche.

Kürzlich eröffnete das **Castillo-de-Jagua-Restaurant.** Die Rezeption des Hotels Jagua bietet eine Bootsfahrt über die Bucht zu einem Abendessen in der alten Festung an.

AUSFLÜGE

Die meisten Hotels bieten Ausflüge in die Umgebung an. Auch Direktbuchungen über Cubatur oder Havanatur sind möglich. In Guamá und Playa Girón werden Tauchen, Fischen und Vogelbeobachtungen angeboten. Von Cienfuegos bietet sich eine Exkursion ins Escambray-Gebirge an.

NÜTZLICHE ADRESSEN

Havanna

Cubatur, Calle 23 Nr. 156, Vedado, Havanna, Tel.: 07/32 65 07, Fax: 07/33 33 30.

Havanatur S.A., Calle 2 Nr. 17, zwischen 1a und 3a, Miramar, Playa, Havanna, Tel.: 07/24 21 61 und 24 22 73, Fax: 07/24 26 01.

Matanzas (Varadero)

Cubatur, Calle 39 zwischen Avenida Playa und Avenida 1, **Havanatur,** Avenida Playa Nr. 3606 zwischen Calles 36 und 37, Tel.: 05/66 70 27 und 66 71 57.

Cienfuegos

Havanautos, Hotel Jagua, Calle 37, Tel.: 04 32/20 21.

Havanautos, Hotel Rancho Luna, Tel. 0 43/4 81 20.

5
Zentral-Kuba

Der mittlere Teil Kubas setzt sich aus drei Provinzen zusammen: Sancti Spíritus, Villa Clara und Ciego de Avila. **Sancti Spíritus** blickt auf eine lange und bunte Geschichte zurück; hier lag die Wiege der Zuckerindustrie, und hier liefen die Fäden des Sklavenhandels zusammen. **Ciego de Ávila** ist für seine Obstsorten berühmt, und **Villa Clara** produziert Zucker und hochwertige Tabaksorten.

Während Zentral-Kubas Südwesten vom **Escambray-Gebirgszug** dominiert wird, prägen sanfte Hügelketten die Landschaft in Richtung der flachen nördlichen Küstenlinie. Den Provinzen Villa Clara und Ciego de Avila sind zahlreiche flache Sandinseln vorgelagert. Die Nordküste des relativ flachen und eintönigen Ciego de Avila ist sumpfig, vor der Südküste erstreckt sich der reich mit Korallenriffen durchsetzte **Golf von Ana María.** Viele der großen Staubecken und Seen Kubas liegen im Mittelteil der Insel, so zum Beispiel das Reservoir **Presa Zaza** in Sancti Spíritus.

Die Region zieht aus den unterschiedlichsten Gründen Besucher an. Viele Touristen kommen wegen der Stadt **Trinidad** an die Südküste, einer der ältesten und am besten erhaltenen Kolonialsiedlungen Amerikas. Die exzellenten Angelbedingungen an den großen Süßwasserseen locken Angelfreunde aus aller Welt an, und unter Jägern gilt Ciego de Avila als eines der besten Jagdgebiete Kubas. Die zahlreichen Sandinseln vor der Nordküste werden gegenwärtig im Rahmen eines großen Projektes befestigt, so daß ein Archipel mit schönen Stranden und hervorragenden Tauchbedingungen in einer faszinierenden Unterwasserwelt entsteht.

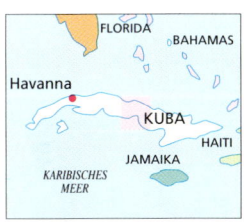

FLORIDA
BAHAMAS
Havanna
KUBA
HAITI
JAMAIKA
KARIBISCHES MEER

SEHENSWERTES

*** Trinidad de Cuba: besterhaltene Kolonialstadt
** Sancti Spíritus: Provinzhauptstadt mit Geschichte
** Santa Clara: Provinzhauptstadt und Schauplatz von Revolutionen
** Remedios: pittoreske historische Stadt
** Topes de Collantes: Ferienanlage in den Bergen
* Ancón: Trinidads hübsches Strandgebiet
* Presa Zaza: Kubas größter künstlicher See

Gegenüber: *Spektakuläre Kolonialarchitektur im modernen Alltag von Trinidad de Cuba.*

DIE PROVINZ SANCTI SPIRITUS

Die Provinz im Zentrum Kubas ist eine Agrarregion. Zuckerrohr, Wurzelknollen, Kaffee und Tabak werden angebaut, es gibt eine Honigindustrie und vor allem Rinder. Im Süden blüht das Fischereiwesen, und da hier zwei der ältesten Siedlungen Kubas liegen, spielt auch der Tourismus eine wichtige Rolle. Die Angelbedingungen am Reservoir **Presa Zaza** sowie an einigen Flüssen ziehen Besucher in ebenso großer Zahl an wie die Jagdmöglichkeiten im Gebirge und die Ferienanlagen an den Stränden der Südküste.

Sancti Spíritus **

1514 war Sancti Spíritus die fünfte spanische Siedlung der Insel, die De Velázquez gründete, und schon 1522 wurde die Stadt ans Flußufer des Yayabo verlegt. Hier bauten die Spanier später eine fünfbogige Brücke. Im 16. und 17. Jh. wurde die Stadt mehrfach von Piraten überfallen, doch zahlreiche alte Gebäude sind erhalten geblieben. 300 Bürger, die unter Che Guevara kämpften, opferten 1959 ihr Leben für die Revolution.

Die Pfarrkirche **Parroquia Mayor** von 1522 ist seit 1978 nationales Kulturdenkmal. In der heutigen Form stammt das Gebäude von 1671 bis 1764. Die kunstvoll gearbeitete Holzdecke im Hauptschiff weist Einflüsse des Mudéjarstils auf und gilt als eine der schönsten Kubas.

In der Nähe der berühmten Brücke ist in einem typischen Kolonialstilgebäude aus dem 19. Jh., das ehemals im Besitz der Familie Valle Iznaga war, das **Museum für koloniale Kunst** untergebracht. Erlesene spanische Kolonialstilmöbel und dekorative Gegenstände wie Gemälde, Wandteppiche, Keramiken, Glasgeschirr und Statuen gehören zu den Ausstellungsstücken. Im Haus ist ein schönes Beispiel eines *tinajón* (Trinkwasserfilter) zu sehen, im hübschen Garten eine merkwürdige Truhe. Öffnungszeiten: Di–Sa 15–22 Uhr, So 15–18 Uhr.

Oben: *Die Brücke über den Yayabo in Sancti Spíritus ist die älteste steinerne Bogenbrücke Kubas.*

Geht man ein Stück die Avenida Jesús Menendez hinab, so erreicht man die 1825 errichtete fünfbogige Brücke über dem malerischen **Rio Yayabo**. Sie ist Kubas einzige erhaltene Steinbogenbrücke. Hinab zum Fluß windet sich die reizende, mit Häusern aus dem späten 19. Jh. gesäumte Kopfsteinpflasterstraße **Calle Llano**. Auch dieser Straßenzug ist nationales Kulturdenkmal. Südlich der Brücke prangt an einer Mauer, die ein Privatgebäude umschließt, ein sonderbares **Wandbild**. Unter Verwendung von Kacheln, Abfallstücken und Maschinenteilen in gemischter Applikationstechnik zeigt es die verschiedenen Aspekte des Stadtlebens.

Weitere interessante Stätten in Sancti Spíritus sind das **Museum der Geschichte der Sklaverei** und die **Akademie der Wissenschaften** in der Calle Independencia. (Beide sind Mo–Sa nur von 20–22 Uhr geöffnet.)

Einen Auftritt des »Coro de Claro« (Klarer Chor) im **Teatro Principal** sollte man nicht versäumen – der Chor ist weltweit für seine einzigartigen Lieder berühmt.

KUBANISCHER KAFFEE

Zu einer kubanischen Mahlzeit gehört *café cubano* – ein herzhafter, starker, dicker und sehr süßer Kaffee, zu dem gewöhnlich auch ein Glas Wasser gereicht wird. In Restaurants wird kubanischer Kaffee in kleinen und *café con leche* (Milchkaffee; oft Pulverkaffee, mit dreifachem Anteil heißer Milch) in großen Tassen serviert. *Café mezclado* ist ein Kaffee mit 20% Zusatzmitteln wie Zichorie. Dem europäischen Pulverkaffee am nächsten kommt *café americano*. Tee ist meistens nur in Beuteln erhältlich.

Trinidad de Cuba ✻✻✻

In der Nähe der Südküste der Provinz Sancti Spíritus liegt eine der am besten erhaltenen Kolonialstädte Amerikas: Trinidad de Cuba. Am Weihnachtstag des Jahres 1514 gründete der Konquistador Diego de Velázquez mit einer Messe unter einem Baum, der heute noch teilweise erhalten ist, den nach der Trinität benannten Ort Villa de Nuestra Señora de la Santísima Trinidad. Im 16. und 17. Jh. war die Stadt ein wichtiges Zentrum des Sklavenhandels, und im 18. Jh. blühte der Zuckerhandel. 1830 waren im Valle de los Ingenios (Tal der Zuckerfabriken) über 2 000 Fabriken in Betrieb.

1850 hatte sich Trinidad endgültig zu einem einflußreichen Kulturzentrum entwickelt. Die erste Sprachenschule des Landes wurde gegründet. Doch in der ersten Hälfte des 20. Jh. geriet die Stadt in Vergessenheit, und mit ihr verfielen die luxuriösen antiken Gebäude und Altbauten. Heute jedoch zeigt die im Grünen über dem Karibischen Meer gelegene Stadt mit Stolz ganze Straßenzüge mit einem Labyrinth roter Hausdächer, weißgetünchte alte Herrenhäuser, dekorative Kachelwände, Balkone, Veranden, Säulen, kunstvoll gestaltete eiserne Türgitter, gedrechselte Fensterschirme und mit Kopfsteinen gepflasterte Straßen. Die hübschen roten Dachziegel werden vor Ort hergestellt. Erst kürzlich wurde die Ziegelfabrik unter der Schirmherrschaft der UNESCO, die die Stadt 1988 zum Weltkulturerbe erhob, renoviert.

Plaza Mayor ✻✻✻

Faszinierende historische Gebäude stehen rings um den entzückenden Platz, der 1522 angelegt wurde. Nordöstlich erhebt sich die Pfarrkirche **Santísima Trinidad** von 1894, in der eine berühmte Christusfigur aus Holz und ein Mahagoni-Altar stehen. Das **Museo de Arqueología Guamuhaya**

Calle Pablo Piz Girón

CIENFUEGOS

Lucha-Contra-Bandidos-Museum
Parque Martí Romántico Museum
Museo de Arquitectura
Colonial Museo de Arqueología
Kunst-galerie

0 500 m
0 500 yds

LAS CUEVAS Ⓗ

Calle Guinart
Calle Clara
Calle F. País
Calle Pereira
Calle Zerguera
Calle Cárdenas
Calle Martí
Calle Izquierdo
Calle Muñoz
Calle Echavarria
Calle Mendoza
Calle Pelayo

Calle Simón Bolívar
Calle Francisco J. Izquierda
Calle Colón
Calle Antonio Guiteras
Calle Lino Pérez
Calle Camilo Cienfuegos

LA Ⓗ RONDA
CANADÁ Ⓗ

Plaza de Santa Ana
Calle Menéndez
Calle Julio A. Mella
Calle Abel Santa María
Calle Rubén Batista

Calle Antonio Maceo

Calle Betancourt
Calle M. Fajardo
Calle Eliope Paz

✚ General Tomás Carrera Galiano

Rolando Rodríguez Stadion

N

FLUGHAFEN

Trinidad de Cuba

CASILDA / ANCON

SANCTI SPIRITUS

(Archäologisches Museum) im Südwesten des Platzes befindet sich in einem Haus aus dem Jahre 1800. Neben präkolumbischen Gegenständen, Töpfen, Werkzeugen und einem 2000 Jahre alten Schädel sind Reproduktionen von Höhlenfelszeichnungen der amero-indianischen Taínos und Siboneys ausgestellt. Öffnungszeiten: Di–Sa 9–12 und 14–18 Uhr; So 9–13 Uhr.

Das **Museo de Arquitectura Colonial** (Museum der Kolonialarchitektur) gibt einen Überblick über die Entwicklung Trinidads. Besonders bemerkenswert ist die geschnitzte und bemalte Holzdecke. Der Garten ist der schönste von ganz Trinidad. Öffnungszeiten: tägl. 9–17 Uhr.

In einem der wenigen zweistöckigen Gebäude Trinidads, das 1740 entstand und 13 Salons besitzt, befindet sich das **Museo Romántico de Artes Decorativas** (Museum der Romantischen Epoche). Ausgestellt sind typische Möbelstücke der damaligen Zeit. Zwischen 1770 und 1780 entstand die phantastisch gearbeitete Zedernholzdecke. Der Speisesaal im englischen Stil wurde 1835 in Kuba gefertigt. Öffnungszeiten: Di–Sa 9–12 und 14–18 Uhr; So 9–13 Uhr.

Schließlich lohnt am Hauptplatz der Stadt auch noch ein Besuch des **Museums der Naturgeschichte,** das den Namen des preußischen Naturforschers Alexander von Humboldt (1769–1859) trägt. Er besuchte das 1732 erbaute Haus im März 1801. Ausgestellt sind 500 Arten der kubanischen Flora und Fauna. Öffnungszeiten: Di–Sa 8–12 Uhr und 14–18 Uhr; So 8–12 Uhr.

Stadtgebiet von Trinidad

In einer hübschen Kirche namens Konvent des Heiligen Franziskus von Assisi (1762) befindet sich das **Lucha Contra Bandidos, Museum der Revolution.** Zu den Exponaten gehören persönliche Gegenstände, Kleidung und Fotografien derer, die in den sechziger Jahren im Kampf gegen die Konterrevolutionäre ums Leben kamen. Vom Glockenturm aus dem 19. Jh. hat man einen großartigen Ausblick auf die Umgebung, doch zuvor sind 121 Stufen zu bewältigen. Öffnungszeiten: Di–Sa 9–12 und 14–18 Uhr; So 9–13 Uhr.

Unten: *Pfarrkirche Santísima Trinidad/Plaza Mayor.*

DER MANN AUS MAISINICU

Ein weißer Gedenkstein erinnert im Tal von San Luis an den Tod von Alberto Delgado, dem »Mann aus Maisinicu«. Nachdem man ihn als Spion Fidel Castros entlarvt hatte, wurde er kurzerhand an dem Baum, der dem Denkmal heute Schatten spendet, aufgehängt.

Andere Orte im Tal sind weniger schauerlich. **Casa Guachinango** heißt ein Gästehaus am Fluß Ay in der Nähe der Iznaga-Villa, das Ausritte zu Pferde und ein Naturschwimmbecken bietet. Das Gästehaus **Hacienda Los Molinos** an der Straße nach Sancti Spíritus lockt mit entspannenden Sportaktivitäten.

Unten: *Das »Tal der Zukkerfabriken«, Herzstück von Kubas Zuckerindustrie, gehört zum Weltkulturerbe der UNESCO.*

Der **Cabildo de San Antonio de los Congos Reales** ist ein Gesellschafts- und Tanzclub, in dem traditionelle und religiöse Tänze zu afro-kubanischer Musik aufgeführt werden. Auch die Casa de Trova bietet Musikaufführungen dar.

In der Nähe der Kirche Santa Ana steht an der Plaza de Santa Ana das gleichnamige **Gefängnis Santa Ana.** Das restaurierte Kolonialgebäude, das einen Innenhof mit zwei Brunnen und einer Kanone umschließt und einen Einblick in Trinidads Stadtgeschichte gibt, beherbergt heute ein exzellentes Restaurant und einen Nachtklub mit Bar.

Das Tal San Luis

Das zwischen Trinidad und Sancti Spíritus gelegene schöne Tal wurde in den 1830er Jahren in ein Meer aus Zuckerrohr verwandelt. Als das Zuckergeschäft in seiner höchsten Blüte stand, wurden hier 73 industrielle und zahlreiche kleinere Mühlen betrieben. Zusammen mit Trinidad gehört das Tal zum Weltkulturerbe der UNESCO.

14 km von Trinidad entfernt steht abseits der Straße nach Sancti Spíritus bei der **Hacienda Iznaga** der Wachtturm **Torre Iznaga.** Er wurde im 19. Jh. vom Zuckerbaron Aniceto Iznaga errichtet. Mit 45 m Höhe war er damals das höchste Bauwerk Kubas. Gut erhalten sind auch die ehemaligen Sklavenquartiere der Plantage. Nebenan beleuchten zwei Museen die Geschichte der Sklaverei und des Zuckeranbaus.

Trinidads Strände

Die meisten Strände südlich von Trinidad liegen an Flußmündungen. Ihr Sand ist daher dunkel und grobkörnig. Stellvertretend für alle anderen seien hier die **Playa Cabagan** an der Mündung des gleichnamigen Flusses und der nur zwei Kilometer von der Stadt entfernte **Playa Fajardo** am Rio Canas genannt.

Casilda *

Im 7 km südlich gelegenen Casilda legte einst **Diego de Velázquez** an. Bevor die Ortschaft 1808 zum Fischereihafen wurde, gab es hier bloß einen schmalen Landesteg. Von hier wurden die wundervollen Pflastersteine auf Trinidads alten Straßen, die zuvor nur als Ballast für Schiffe gedient hatten, hinauf in die Stadt gekarrt. Casilda dient heute sowohl Trinidad als auch Sancti Spíritus als Hafenstadt.

Ancón *

1514 segelte Diego Velázquez auf dem Weg nach Casilda an diesem 5 km langen, phantastisch weißen Sandstrand entlang, der sich malerisch vor dem Escambray-Gebirge erstreckt. Durch ein 800 m vor der Küste gelegenes Korallenriff wird er geschützt. Der zwischen Karibischem Meer und der Bucht von Casilda eingebettete schmale Landstreifen der Halbinsel Ancón war im 16. und 17. Jh. ein Hort für Piraten und Korsaren. Noch heute erzählen Legenden von Schätzen, die in den zahlreichen Klippen versteckt sein sollen.

Mehrere damals gesunkene Schiffe liegen in den Gewässern vor der Küste, und Sporttaucher haben etliche spektakuläre Tauchstätten ausfindig gemacht. Der schnellste Weg auf die Halbinsel führt von Trinidad südwärts durch das Dorf Casilda.

Oben: *Einst Tummelplatz von Piraten, ist Trinidads Küste heute ein begehrtes Ziel der Tauchergemeinde.*

TAUCHEN

Nur wenigen ist bekannt, daß Fidel Castro begeisterter Taucher war und dieses Hobby noch bis vor kurzem betrieb. Da die Wassertemperaturen ganzjährig zwischen 24 °C und 28 °C liegen, ist das Tauchen vor Kuba mit Sichtbedingungen von über 70% sehr beliebt. Kuba hat eine längere Küstenlinie als alle anderen karibischen Inseln zusammen, und in den Gewässern lassen sich Haie, Delphine und Wale, Schildkröten, Weich- und Krustentiere sowie spektakuläre Korallenformationen beobachten.

Oben: *Unter den vier Ge-birgszügen der Insel spie-gelt das Escambray-Gebir-ge am typischsten die ku-banische Landschaft wider.*
Gegenüber: *Das Theater La Caridad in Santa Clara.*

Topes de Collantes ★★
Nur 20 km nordwestlich von Trinidad liegt an den Hängen des Escam-bray-Gebirges Topes de Collantes das Zentrum eines großen Naturer-holungsgebietes. Hier wachsen Koniferen und Riesenfarne, und zu den Ausflugszielen zählen die Kaffeeplantage Gua-nayara sowie die Was-serfälle in Caburni, Ve-gas Grande, Javira und Codina.

Topes de Collantes war einst ein Lungensanatorium, hat sich jedoch inzwischen als Fortbildungszentrum etabliert. Die Umgebung bietet hervorragende Gelegenheiten zu Wanderungen in die Berge und durch Zedern- und Pinien-wälder. Wunderschöne Ausblicke auf das blaue Karibische Meer im Süden und das sich purpurfarben auftürmende Escambray-Gebirge im Norden machen den Abstecher von Trinidad zu einem lohnenswerten Erlebnis.

DIE PROVINZ VILLA CLARA

Villa Clara, Kubas sechstgrößte Provinz, liegt im mittleren Teil der Nordküste. Trotz schöner Küstenstriche, die immer mehr Touristen anlocken, ist die Region eine der rückstän-digsten Kubas – obwohl sie mehr Zucker als jede andere Provinz produziert und im Süden Tabak anbaut. Auch die Gemüse- und Obstproduktion spielt mit dem Anbau von Bohnen, Wurzelknollen, Mais, Mango und Zitrusfrüchten eine wichtige wirtschaftliche Rolle, und auf den Weiden der niedrigen Hügel wird Viehzucht betrieben. Die Autopista und die Haupttrasse der Eisenbahn führen mitten durch die Provinz zur Hauptstadt **Santa Clara.** Eine zweite wichtige Schienenverbindung führt südlich nach Cienfuegos. Über den Flughafen vor den Toren der Stadt ist Santa Clara außerdem mit anderen Städten verbunden.

BANANEN

Die bis zu 6 m hoch wer-dende Bananenstaude wirft nur einen vegetativen Sproß ab, bevor sie stirbt. Ihr Blüten- und Fruchtstand kann bis zu 150 Bananen ausbilden. Ba-nanen benötigen neun Mo-nate bis zur Reife. Frühe Siedler brachten die Pflanze von den Kanarischen Inseln mit, und heute werden in Kuba zahlreiche Arten ge-zogen. Aus einer Sorte, den *plátanos* (Mehlbananen), werden die beliebten Bananen-scheiben *maraquita* geröstet.

Santa Clara-Stadt **

Nahezu in der Mitte zwischen Nord- und Südküste gelegen, war Santa Clara im 16. und 17. Jh. der ideale Zufluchtsort vor den fortgesetzten Piratenattacken an der Küste. Die Stadt wurde 1689 gegründet und war sowohl in den Unabhängigkeitskriegen als auch während der Revolution von strategischer Bedeutung. 1958 nahmen Che Guevaras Truppen die Stadt ein und machten Batistas Stadtgarnison unschädlich. Drei Jahrzehnte nach seinem Tod wurden Che Guevaras Gebeine in Bolivien entdeckt und im Oktober 1997 in die Stadt seines Ruhmes überführt. Dort wird er in einem eigens für ihn errichteten Mausoleum aufgebahrt. Heute besitzt Santa Clara eine der vier Universitäten des Landes, verschiedene Fabrikationszweige und insgesamt 52 Brücken.

Der **Parque Vidal** gehört zu den besten Beispielen eines kubanischen Zentralplatzes. An der Westseite befindet sich eine der beiden **Casas de Trovas** der Stadt. Hier sowie in der Calle Colón finden regelmäßig Folklore- und Tanzaufführungen statt. Der grandiose **Palacio Municipal** geht auf die spanische Kolonialzeit zurück; das Original von 1797 wurde 1922 grundlegend erneuert und umgebaut. Nördlich steht das **Caridad-Theater** (1885), das innen vom spanischen Künstler Camilo Zalaya mit Wandmalereien versehen wurde.

An der Nordostecke des Parque Vidal schließt sich das **Museum der Dekorativen Künste** an, das eine gemischte Palette an Ausstellungsstücken präsentiert. Öffnungszeiten: Mo, Mi–Sa 13–18 Uhr; So 9–13 Uhr.

In Santa Clara stehen drei religiöse Bauwerke, die einen Besuch wert sind: die Kirche **Buen Viaje** aus dem Jahre 1765, das heutige nationale Kulturdenkmal **Iglesia del Carmen** aus dem Jahre 1748 und die unweit vom Parque Vidal gelegene eindrucksvolle **Kathedrale** aus dem 20. Jh.

Das größte Hotel der Stadt **Santa Clara Libre** war im Dezember 1958 Schauplatz eines Gefechts zwischen Batistas Truppen und Che Guevaras Revolutionären. Im **Stadtmuseum** erzählt eine Ausstellung detailliert vom Kampf der Rebellen gegen Batistas Diktatur.

GEPANZERTER ZUG

Eine der skurrilsten Gedenkstätten Santa Claras steht vor den Toren der Stadt: das **Monumento al Tren Blindado.** Der gepanzerte Zug sollte Unterstützung für Batistas Truppen heranschaffen, doch revolutionäre Einheiten unter Che Guevara lauerten ihm auf und konnten ihn unschädlich machen – ein wichtiger Schritt zum Sturz der Diktatur. Bilder und Erinnerungsstücke erzählen die Geschichte des Hinterhalts. Öffnungszeiten: Mo–Sa 8–12 Uhr und 15–19 Uhr; So 8–12 Uhr.

Remedios **

Nicht weit von Villa Claras Nordküste entfernt liegt das 1514 gegründete Städtchen Remedios, das für seine Feste und besonders seinen Karneval bekannt ist. Letzterer wird als *parrandas* bezeichnet und geht auf das Jahr 1822 zurück. Zu den wenigen Sehenswürdigkeiten gehört die hübsche **Plaza Martí**, die von einigen schönen kolonialen Herrenhäusern umgeben ist. Die wichtigste Kirche der Stadt, **Iglesia de San Juan Bautista,** wurde 1570 errichtet und ist damit eine der ältesten Kirchen Kubas. Bemerkenswert sind die im maurischen Rokokostil geschnitzte und bemalte Mahagonidecke und der mit Blattgold verzierte Altar aus Zedernholz.

Das Musikmuseum **Alejandro García Caturla** an der Plaza Martí ist nationales ein Kulturdenkmal und nach dem populären Rechtsanwalt, Musiker und Komponisten García Caturla benannt, der 1906 in diesem Haus geboren wurde. In einem der Räume werden dem Besucher verschiedene Musikinstrumente und Aufnahmen einiger Stücke des Namensgebers präsentiert. Öffnungszeiten: Di–Sa 13–18 Uhr; So 9–13 Uhr.

Ein elegantes Herrenhaus aus dem 19. Jh. beherbergt in der Straße Antonio Maceo 56 das **Historische Museum.** Es zeigt grandiose spanische Möbelstücke sowie Dokumente und andere Zeugen der Stadtgeschichte. Öffnungszeiten: Di–Sa 8–11 Uhr, 14–18 Uhr; So 8–11 Uhr.

Rechts: *Remedios ist der Geburtsort des berühmten Musikers Alejandro Caturla und ein Zentrum der Trova-Musik.*
Gegenüber: *Ananas ist ein Hauptprodukt der Provinz Ciego de Avila.*

DIE PROVINZ CIEGO DE ÁVILA

Niedriges und flaches Terrain mit Viehzuchtbetrieben, Ananasfeldern und Agavengewächsen prägen das Bild dieser Provinz. Touristische Höhepunkte hat sie kaum zu bieten, nur die Anglergemeinde lobt zwei Seen im Norden. In der Provinz Ciego de Ávila liegt die »Taille« der langgestreckten und schmalen Insel Kuba. Dies nutzten in den 1870er Jahren die Spanier zum Aufbau einer quer durch die Provinz verlaufenden Verteidigungslinie, der **Trocha** (Pfad), um sich gegen die Rebellen zur Wehr zu setzen.

Trotz zahlreicher Befestigungstürme und Abzäunungen konnten die Streitkräfte des Generals Máximo Gómez die Linie 1875 durchbrechen. Die Spanier verstärkten die Trocha während des zweiten Unabhängigkeitskrieges, doch auch diese hielt 1895 dem Ansturm der Rebellen nicht stand.

Ciego de Avila-Stadt *

Die rund 80 000 Einwohner zählende Provinzhauptstadt liegt ungefähr auf der Mittellinie zwischen Westen und Osten der Insel. Sie ist das Zentrum einer geschäftigen Milch-, Zuckerrohr- und Zitrusfrüchteindustrie und trägt wegen ihres Hauptprodukts den Spitznamen »Ananasstadt«. Obwohl die spanische Regierung den Boden dieser Region schon Mitte des 15. Jh. aufteilte – eine Konzession ging an einen Kommandanten von Velásquez namens Don Alonso de Avila –, wurde die Stadt selbst erst 1849 gegründet. *Ciego* bedeutet »Blinder« – vielleicht ein Hinweis auf einen frühen Siedler auf Avilas Grund und Boden. Im späten 16. Jh. wurde das Gebiet aufgrund des üppigen Palmenbestandes vorübergehend San Jerónimo de Palma genannt. Der Verkehr fließt größtenteils an Ciego de Ávila-Stadt vorbei, obwohl vor allem in der Nähe des **Parque Martí** einige sehenswerte koloniale Herrenhäuser aus dem frühen 20. Jh. stehen. Das Stadtzentrum erreicht man über die Straße Chicho Valdes, einem Abschnitt der Carretera Central.

Das imposanteste Gebäude der Stadt ist das **Rathaus** von 1911. Das **Teatro Principal** (1927) in der Nähe des Parque Martí hat eine hübsche Innenausstattung. Die großen Fronttüren sind aus kubanischem Hartholz, und allegorische Statuen schmücken den mit 500 Plätzen ausgestatteten Zu-

ANANAS

Die in der Karibik heimische Frucht wächst im Zentrum von langen, stacheligen Blättern, die zum Vorbild für den Kopfschmuck vornehmer spanischer Damen wurden, den *mantillas*. Die Frucht benötigt 15 Monate bis zur Reife. Auf seiner zweiten Fahrt entdeckte Kolumbus die »köstliche« Ananas, deren Saft in kulinarischen Kreisen als geschmackliche Abrundung für Fleischgerichte geschätzt wird.

Oben: *Das für seine Jagdgebiete berühmte Morón verweist auf eine standhafte Vergangenheit und viele klassische Säulengebäude.*

schauersaal. Elegante bronzene Kronleuchter spenden im Innenraum und im weiten ovalen Treppenaufgang Licht.

Nordöstlich der Stadt steht eine kleine, alte Festung. Im Westen gibt es ein Museum, in der östlichen Vorstadt einen Zoo, in der Nähe des Zentrums zwei Casas de Trova.

Morón *

Im waldreichen Norden der Provinz Ciego de Avila liegen zwei Seen. Der Name des einen, **Laguna de la Leche** (Milchsee), rührt von der Farbe her, die der Mineralgehalt dem Wasser gibt. Er ist Kubas größtes natürliches Wasserreservoir und ein bekannter Angelsee für Hecht und Tarpon. Im nahegelegenen **Lago la Redonda,** dessen Umgebung ein Geheimtip der Wildgeflügeljäger ist, beißen hingegen viele Barsche an.

Die Stadt Morón bietet wenig Interessantes, doch sie ist ein guter Ausgangspunkt zu den beiden Seen. Der Hahn, den man um 6 Uhr und 18 Uhr im Rooster-Park krähen läßt, ist die Replik eines Modells aus der Zeit von Batistas Diktatur. Es verschwand allerdings vor der Enthüllung auf mysteriöse Weise. Das ursprüngliche Stadtsymbol – ein junger Hahn aus Gold, den ein reicher Bürger der Stadt vermacht hatte – soll bei einem Piratenüberfall entwendet worden sein.

LIGNUM VITAE

Zu den Edelhölzern Kubas gehört neben Mahagoni, Ebenholz und Teak das *Lignum Vitae* (Lebensholz) genannte Holz des Guajakbaums. Früher wurden aus diesem harten Holz, das aufgrund seiner hohen Dichte nicht schwimmt, Polizeiknüppel, Bowlingkugeln und Kugellager hergestellt. Der Baum hat schöne hellblaue Blüten, sein Harz und seine Rinde werden medizinisch genutzt.

Zentral-Kuba auf einen Blick

BESTE REISEZEIT

Bis auf die Regenzeit zwischen **Mai** und **Oktober** ist das Wetter in dieser Region verläßlich schön. Allerdings können die Temperaturen zwischen der Atlantikküste und der Küste zum Karibischen Meer beträchtlich schwanken, wobei es im Süden gewöhnlich wärmer und angenehmer ist.

ANREISE

Zentral-Kuba ist von Havanna und Varadero leicht zu erreichen, denn die Autopista und die Eisenbahnlinie verlaufen mitten durch die Region. Züge und Busse fahren von Havanna. Plätze vorher buchen.

VERKEHRSMITTEL

Die Städte sind klein genug, um sie zu Fuß zu erkunden. Touristentaxis warten mitunter auf den Straßen und oft vor den Hotels. In manchen Städten sind Pferdedroschken namens *coches* zu mieten. Die Busse sind im allgemeinen in Ordnung und preiswert.

ÜBERNACHTEN

Sancti Spíritus
PREISWERT

Colonial Hotel, Máximo Gómez Nr. 23, Tel.: 0 41/2 51 23; gute Lage, gemütlich und freundlich.
Pasaje Hotel, Independencia 163, Tel.: 0 41/2 42 80; günstige Lage in der Nähe des Zentrums.
Cubanacan Rancho Hatuey, Carretera Central, km 383, Tel.: 0 41/2 60 15; gut ausgestattet, Stadtrandlage.

Trinidad de Cuba
MITTELKLASSE

Las Cuevas, Finca Santa Ana, Tel.: 04 19/40 13; gemütliches Hotel in schöner Lage hoch über der Stadt.
Ancón Hotel, Ancón Beach, Tel.: 04 19/40 11; gute Ausstattung, schöne Strandlage.

Villa Clara
MITTELKLASSE

Cubanacan La Granjita, Carretera la Maleza, km 2,5, Santa Clara, Tel. 04 22/2 60 51; Hotel im Bungalowstil, ausgesprochen gut ausgestattet.
Motel Los Caneyes, Avenida Eucaliptos y Circunvalación, Santa Clara, Tel.: 04 22/45 12; Stadtrandlage mit ländlichem Umfeld.
Elgea, Corralillo, Tel.: 0 42/ 68 62 90; weit außerhalb der Stadt, aber gute Ausstattung.
Santa Clara Libre, Parque Vidal Nr. 6, Tel.: 04 22/2 75 48; gemütliches Stadthotel, Darstellung der Geschichte des Che Guevara.

Ciego de Ávila
MITTELKLASSE

Cayo Coco, Morón, Ciego de Ávila, Tel.: 0 33/30 13 11; exzellente Strandlage, gute Ausstattung, Wassersport.
Santiago Havana, Castillo/Ecke Carretera Central, Tel.: 0 33/ 2 57 03; moderner Block nahe des Stadtzentrums.
Hotel Ciego de Ávila, Carretera Ceballos, Tel.: 0 33/2 80 13; ein wenig nördlich der Stadt, Swimmingpool und gute Ausstattung.

RESTAURANTS

Sancti Spíritus

Hanoi, 401 Bartolomé Masó, Tel.: 2 33 39; schon ein wenig außerhalb der Stadt.
Restaurant 1514, Calle Labori/ Ecke Calle Céspedes; nicht weit vom Zentralpark, lokale Küche.

Trinidad

El Jigue, Martínez Villena an der Plaza El Jigue, Tel.: 43 45; gute internationale Küche, angenehme Atmosphäre.
La Canchanchara, Calle Martínez Villena, Tel.: 43 45; hübsches altes Gebäude mit attraktivem Hof.

Villa Clara

Colonial 1878, Calle Máximo Gómez, Santa Clara, Tel.: 2 24 28; lokale Küche in hübschem Kolonialstilgebäude.

Ciego de Ávila

Hotel Ciego de Ávila, Carretera Ceballos, Tel.: 2 80 13; wohl beste Adresse der Stadt.

AUSFLÜGE

Las Cuevas Hotel, Trinidad, gibt Ratschläge zu Angel- und Tauchmöglichkeiten, Wanderungen und individuellen Planungen. Tel.: 04 19/40 13.

NÜTZLICHE ADRESSEN

Transautos Autovermietungen, Ciego de Ávila, Tel.: 0 33/ 2 80 13.
Empresa Turismo, Máximo Gómez Nr. 4, Sancti Spíritus, Tel.: 0 41/2 31 13.

6
Kubas Osten

Die Provinzen **Camagüey, Holguín** und **Las Tunas** bilden Kubas Osten – eine spärlich besiedelte Region mit ausgedehnten Graslandflächen, weiten Ebenen und schönen weißen Sandstränden. Nur wenige Museen, interessante Kirchen und im Aufbau befindliche Ferienanlagen am Strand ziehen Touristen an. In der Provinz Holguín prägen geschwungene Hügel und bewaldete Berghänge das Landschaftsbild. Im Süden schließen sich an die Küsten des Karibischen Meeres weite Sumpfgebiete mit üppigem Mangrovenbestand an. Im flachen Landesinneren sorgen nur Viehherden, Königspalmenhaine und die hohen Schornsteine der 13 Zuckerfabriken, die den Ertrag einiger der größten Plantagen des Landes verarbeiten, für Abwechslung.

Camagüey ist die Heimat des kubanischen Cowboys *vaquero* sowie vieler Obstbauern und Gemüsepflanzer. Der große Hafen von **Nuevitas** an der Nordküste ist einer der wichtigsten der Insel. Diese Industriestadt verarbeitet Nickel, eines der wichtigsten Exportgüter Kubas. Holguín und Las Tunas blicken auf eine Epoche amero-indianischer Besiedlung zurück; die Stadt **Holguín** soll das erste Taíno-Dorf gewesen sein, das Kolumbus bei seiner ersten Entdeckungsfahrt in der Neuen Welt besuchte. Früher wurde die Region häufig von Piraten heimgesucht; Sir Henry Morgan plünderte mehrfach Puerto Príncipe, die heutige Stadt **Camagüey.**

Die fabelhaften Strände und Korallenriffe der Nordküste und die Sandinseln des Südens, die den Namen **Archipiélago Jardines de la Reina** (Gärten der Königin) tragen, eignen sich vorzüglich zum Wassersport. Es ist geplant, sie zu Tauchbasen auszubauen, um mehr Touristen anzuziehen.

SEHENSWERTES

*** Holguín: frühe amero-indianische Stätte, an der Christoph Kolumbus landete
** Playa Guardalavaca: einer der berühmtesten Strände der Nordküste
** Camagüey-Stadt: historische alte Stadt
* Banes: größtes amero-indianisches Begräbnisfeld
* Mirador de Mayabe: erhöhter Aussichtspunkt

Gegenüber: *Der feine Sand von Playa Guardalavaca.*

Rechts: Macheteros *beim Einbringen der Zuckerrohrernte.*

KUBANISCHE COWBOYS

Der kubanische Cowboy heißt *vaquero,* und er hat mit dem klischeehaften TV-Image seines nordamerikanischen Kollegen, der Kriege gegen Indianer führt, Banken und Züge überfällt und sich in Saloons prügelt, nichts gemein. Er hält das traditionelle Cowboy-Image aufrecht, indem er Volkslieder singt und die Weiden abreitet. So sind Kubas *vaqueros* eine Mischung aus mexikanischem und amerikanischem Cowboy. Sie fangen Stiere mit dem Lasso, zwingen Ochsen in die Knie und halten auf dem Land regelmäßig Rodeos ab, bei denen sie ihr Können demonstrieren.

DIE PROVINZ CAMAGÜEY

Auf seiner ersten Entdeckungsfahrt in die Neue Welt nannte Kolumbus die Sandbänke und Inselchen vor der Nordküste Camagüeys »Gärten des Königs« (mit Bezug auf König Ferdinand von Spanien). Auf der zweiten Fahrt gelangte er vor der Südküste der Provinz in die Inselwelt der »Gärten der Königin (Isabella)«. Hier ließen sich 1514 die ersten Siedler nieder. 1519 nahm der Entdeckungsreisende Alonso de Ojeda die Küstenlinie kartographisch auf.

Camagüey lebt vornehmlich von Vieh, Zucker, Obst und Gemüse, doch in jüngster Zeit spielt auch der Tourismus an der Nordküste eine Rolle. Kubas größte Provinz ist zugleich die am schwächsten besiedelte. Sie hat nur wenige interessante Stätten zu bieten, obwohl die Provinzhauptstadt auf eine spannende, von Gewalt geprägte Geschichte zurückblickt.

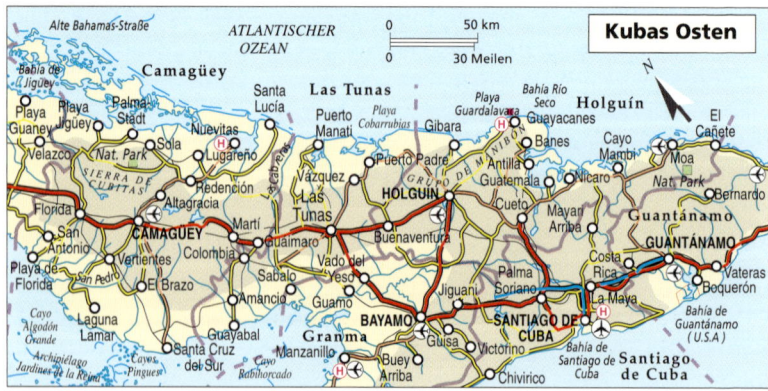

Camagüey-Stadt ★★

Als eine von Kubas ersten sechs spanischen Siedlungen wurde am 2. Februar 1514 **Santa María del Puerto Príncipe** (auch: Villa del Príncipe) gegründet. Von dem damals an der Küste gelegenen Ort zog ein Leutnant von Velázquez namens Narváez aus, um in einem nicht weit entfernten amero-indianischen Küstendorf 2000 Menschen zu töten.

Seit diesem Massaker wurde die Stadt Puerto Príncipe vom Unheil verfolgt. Nur ein Jahr später begannen französische Korsaren vor Kuba spanische Schiffe zu kapern, und zwar besonders häufig vor der Nordküste im Gebiet von Puerto Príncipe. Nicht lange danach fielen Piraten auch über die Stadt selbst her. Die Franzosen setzten sich auf den nahen Bahamas fest und brachten die Einwohner von Puerto Príncipe mit regelmäßigen Überfällen in Bedrängnis. Schließlich sahen sich diese genötigt, ihre Stadt an die Ufer des **Caonao** zu verlegen, wo im Jahr zuvor das Massaker an den Amero-Indianern verübt worden war.

Ihrer Einkünfte aus dem Seehandel beraubt, wandten sich die Einwohner von Puerto Príncipe dem Land zu und begannen Viehzucht und Zuckerrohranbau zu betreiben. Doch schon bald wurden sie von Viehdieben geplagt, die ihren Lebensunterhalt mit Pökelfleisch bestritten, das sie an nach Europa zurücksegelnde Schiffe verkauften. Deshalb verlegten sie ihre Siedlung ins Inselinnere – dorthin, wo heute Camagüey liegt.

TINAJONES VON CAMAGÜEY

Der *tinajón* ist untrennbar mit Camagüey verbunden. Es handelt sich um ein mannshohes Gefäß. Camagüey, in dessen Umgebung es kein Wasserreservoir gibt, wurde zur »Stadt der *tinajones*«, weil solche Gefäße sich als die beste Lösung erwiesen, um in der Regenzeit gesammeltes Wasser kühl und frisch zu lagern. Im 17. Jh. begannen die Töpfer von Camagüey, die riesigen Sammelbehälter aus der roten Tonerde der Umgebung herzustellen, und seitdem dienen die *tinajones* hier als gebräuchlichstes Hilfsmittel zur Wasseraufbewahrung. Die kunstfertig gestalteten Töpfe wurden alsbald in alle Inselteile geliefert. In den Häusern der Reichen, die Wert auf sauber gefiltertes Wasser legten, stand in allen wichtigen Räumen ein spezielles Möbelstück mit einem kleinen *tinajón*. Aus einem Wasserbehälter tropfte Wasser, das aus einem Brunnen stammte oder als Regenwasser in den großen Gefäßen gesammelt worden war, auf einen speziell gestalteten porösen Stein, durch den es mit Filtereffekt in den *tinajón* sickerte.

Links: *Ein Straßenstand in Camagüey verkauft Imbisse und Getränke.*

KAPITÄN HENRY MORGAN

Morgan führte seine Piratenbande von Jamaika aus in ungezählten Raubzügen nicht nur gegen spanische Schiffe, sondern auch gegen die neuen spanischen Siedlungen in Kuba. Im Auftrag von Lord Windsor nahm sich Morgan das jamaikanische Port Royal zur Basis und legte 1662 zusammen mit Kapitän Mings Santiago de Cuba in Schutt und Asche. Fünf Jahre später plünderte er Puerto del Príncipe, das heutige Camagüey. Dann kam die Reihe an San Juan de los Remedios in Villa Clara. Als Morgan später das Amt des Gouverneurleutnants von Jamaika bekleidete, wandte er sich gegen die Piraten. Er starb 1688 im Amt und wurde am Gallows Point von Port Royal beigesetzt, wo er viele seiner früheren Komplizen hatte hängen lassen.

Während sich ihre Sklaven auf den Zuckerplantagen abplagten und sich in den weiten Ebenen um das Vieh kümmerten, türmten sich die Profite der Landbesitzer auf, und Puerto Príncipe entwickelte sich zu einer der reichsten Städte Kubas. 1616 kam es im Zuge einer Revolte schwarzer Sklaven gegen die spanischen Herren zu Plünderungen, und 1667 wurde die schutzlose reiche Stadt zum Ziel von Piraten: Der berüchtigte Freibeuter **Kapitän Henry Morgan** führte seine Männer gegen Puerto Príncipe und legte die Stadt in Schutt und Asche.

Als der Zuckerhandel 1750 die Viehzucht überflügelte, bestand Puerto Príncipes Bevölkerung zu einem Viertel aus schwarzen Sklaven. Ende des 18. Jh. war die Stadt so eigenständig, daß sie sich von der spanischen Verwaltung zu befreien suchte. Damals hatte sie durch Verbindungen nach Süden über die Flüsse **Hatibonico** und **San Pedro** wieder Zugang zum Seehandel gefunden.

Imposante Bauwerke sind Zeugen des Reichtums von Puerto Príncipe und trugen der Stadt den Namen »Korinth der Karibik« ein. Erst 1903 erfolgte die Umbenennung in Camagüey. Sie ist heute nach Havanna und Santiago de Cuba die drittgrößte Stadt der Insel.

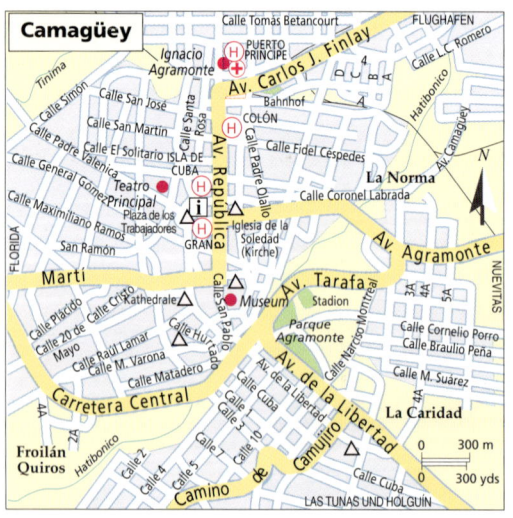

Camagüeys Sehenswürdigkeiten

Ein halber Tag genügt, um die meisten Attraktionen der Stadt kennenzulernen. Ein beeindruckendes Gebäude ist die **Kathedrale,** die seit Mitte des 16. Jh. mehrfach wiederaufgebaut werden mußte. Sie steht am Parque Agramonte, wo ein Reiterstandbild des Stadthelden Ignacio Agramonte (1841–73) zu bewundern ist. Die Kathedrale hat ein schönes Schiff mit einem alten Holzgewölbe und ist Nuestra Señora de la Candelaria geweiht.

Ein ebenso eindrucksvolles Bauwerk ist die 1775 errichtete Kirche **La Soledad** – ungewöhnlich ist der sechseckige Glockenturm mit sechs Nischen, die mit jeweils einer Glocke bestückt sind. Sie ist mit Fresken verziert, die zu den schönsten Lateinamerikas gehören, und ihre dreibogige Vorderfront wird von Säulen im typischen spanischen Kolonialstil getragen.

Die **Iglesia del Carmen** (1825) in unmittelbarer Nähe des Stadtzentrums ist ein schönes Beispiel für die Architektur des frühen 19. Jh. Am Hauptplatz der Stadt, der **Plaza de los Trabajadores,** steht die Kirche **La Nuestra Señora de las Mercedes** aus dem Jahre 1880. Ihr prächtiger Glockenturm wird von einer großen Marmorstatue überragt, und vor allem lohnt ein Blick in ihr opulentes Kirchenschiff. Der **Palacio de Justicia** (Justizpalast) in der Calle Cisnero zeigt den typischen Baustil des mittleren 18. Jh. Im Jahre 1800 diente das Gebäude als Stadtresidenz.

Das **Teatro Principal** wurde 1850 erbaut; die Fassade und das reich verzierte Foyer sind ungeachtet einiger Ausbesserungen im Jahre 1926 im Originalzustand erhalten geblieben. Das imposante Gebäude ist im klassischen Theaterstil gebaut. Vier Pfeiler unterteilen den großen Balkon über der Eingangshalle, über deren fünf Portalen sich *mediopuntas* (halbmondförmige Bögen) aus *vitrales* (farbigem Glas) befinden.

Oben: *Statue von Ignacio Agramonte in Camagüey.*

LAND DES VIEHS

Camagüey ist bekannt für Milchprodukte und Fleisch. Auf den weiten Ebenen sieht man Rinderherden, die unter der Aufsicht der *vaqueros,* (Kasten Seite 86) stehen. In den 1980er Jahren gelang Fidel Castros älterem Bruder Ramon, der eine Ranch in Picadura betreibt, die Zucht einer neuen F1-Viehrasse, die Kubas Klima bestens verträgt und ein großartiger Milch und Fleischlieferant ist.

Oben: *Eine typische Zuckerfabrik. Die landesweit 160 Betriebe produzieren jährlich 4 Mio. t Zucker.*

DIE PROVINZ HOLGUIN

Die Provinz im nördlichen Inselosten besticht durch ihre vielfältigen Landschaften, die von traumhaften Stränden bis zu hohen Berggipfeln reichen. Mit ihren Wäldern ist die Region eine der attraktivsten Kubas. Mehrere Ausgrabungsstätten liefern Erkenntnisse über die Urbevölkerung. Vermutlich hat auch Kolumbus seine ersten Erkundungsgänge an Kubas Nordküste unternommen. Die Provinz hat seit damals eine stürmische Geschichte erlebt, denn in beiden Unabhängigkeitskriegen wurden hier bedeutende Schlachten geschlagen. Zucker, Obst, Eisenerz und Nickel bescherten der Provinz im frühen 20. Jh. Wohlstand, und **Ángel Castro,** Fidels Vater, führte hier einen Zuckerbetrieb. Bis heute sind Zucker und Nickel die Säulen von Holguíns Wirtschaft, und auch die Einkünfte aus dem wachsenden Tourismusgeschäft leisten einen hohen Beitrag.

Holguín-Stadt ★★★

Die Stadt wurde 1525 von Kapitän García Holguín an der Stätte eines ehemaligen Taíno-Dorfes gegründet. Heute befinden sich die beiden interessantesten Besuchsziele an der Calle Maceo unweit des **Parque Central,** an dem auch einige schöne spanische Gebäude erhalten geblieben sind.

Das **Museo Histórico de la Periquere** (Provinzmuseum Holguín) liegt über dem Parque Central. Das Gebäude erhielt den Namen Periquere (Papageienkäfig) in Anspielung auf die bunten Uniformen der spanischen Gardesoldaten, die 1868 von Revolutionären hinter vergitterten Fenstern des Gebäudes festgesetzt wurden. In dem heutigen Museum werden einige der wertvollsten archäologischen Schätze Kubas aufbewahrt, unter anderem die amero-indianische »Holguín-Axt«, Gegenstände aus den Unabhängigkeitskriegen sowie Ausstellungsstücke aus dem Privatbesitz des Generals Calixto García, dessen Statue im Park steht. Öffnungszeiten: Mo–Sa 12–19 Uhr.

Das **Naturkundemuseum** mit dem lokalen Namen Carlos de la Torre Museum widmet sich der Flora und Fauna der Region und hält diverse herausragende Exponate bereit. Besonders interessant sind die präparierten Exemplare einiger der seltensten Vögel der Welt, die bis heute in dieser Region leben. Erwähnung verdienen einige seltene Spechtarten und eine Sammlung mit bunten Polymita-Schneckenhäusern. Öffnungszeiten: Di–Sa 8–18 Uhr, So 8–12 Uhr.

SCHILDKRÖTEN

Auf seiner Fahrt um die Pinieninsel (heute: Isla de la Juventud) vermerkte Kolumbus, daß die Gewässer schwarz von Schildkröten waren. Wahrscheinlich sah er Lederschildkröten, eine der fünf Arten (unter anderem grüne Meeres- und Karettschildkröten), die bis heute die Gewässer um Cayo Largo bevölkern. Da Schildkrötenfleisch in Kuba als Delikatesse gilt, ist im Süden der Insel ein großes Schutzgebiet eingerichtet worden.

Guardalavaca Beach **

Dieses märchenhaft schöne Stück Küstenlinie nördlich von Holguín war einst Schlupfwinkel von Freibeutern, die vorbeisegelnde Schiffe mit Rindfleisch versorgten. Der Name Guardalavaca leitet sich von der Redensart *guarda la vaca y guarda la barca* her: »Die Kühe im Auge behalten und Ausschau nach Schiffen halten«. An einem Strand in der Nähe soll Kolumbus gelandet sein. Heute blüht hier eine auf preiswerten Strandurlaubsangeboten aufbauende Tourismusindustrie.

Unten: *Einheimische helfen Schildkröten ins Meer.*

Banes *

Die Kleinstadt nordöstlich von Holguín-Stadt hat dem Besu-cher abgesehen von der schönen Landschaft auf dem Weg dorthin nur wenig zu bieten. Ihren Ruhm begründet ledig-lich das **Museo IndoCubano** (Museum der Kubanischen In-dios). Es befindet sich dort, wo über 30% aller amero-india-nischen Funde Kubas entdeckt wurden. Sein lokaler Name ist Chorro-de-Maita-Ureinwohner-Museum. Taíno-Indianer lebten hier 10 000 Jahre lang bis zu ihrem Untergang im 16. Jh. Sie schufen Werkzeuge, Waffen und Schmuckgegen-stände aus Stein, Knochen, Holz und Muscheln, fertigten Keramiktöpfe an und verzierten Metalle. Viele Beispiele sind in diesem Museum ausgestellt. Zu den Exponaten ge-hören steinerne Halsketten in verschiedenen Größen, Armreifen, Kopfschmuck, verzierte Keramiken, kleine Menschen- und Tierfiguren aus Stein sowie Schädel und Knochen, in die eigenwillige Szenen und abstrakte Muster geritzt sind. In den späten 1980er Jahren wurden in der Nähe auf dem größten be-kannten amero-indianischen Gräberfeld Kubas über 100 Taíno-Skelette freigelegt, die in die Zeit zwischen 1490 und 1540 zu datieren sind. Eines der faszinierendsten Stücke des Museums ist die 40 mm hohe Goldfigur einer Frau mit höchst aufwendi-ger Frisur, die mit großen Federn ge-schmückt ist. Öffnungszeiten: Di–Sa 12–18 Uhr; So 14–18 Uhr.

Mirador de Mayabe *

Nur 6 km von Holguín-Stadt entfernt bietet der 72 m hoch gelegene Aussichtspunkt Mi-rador de Mayabe in den Maniabon-Bergen eine schöne Aussicht auf Nordost-Kubas spektakuläre Landschaft. Unten im Tal von Mayabe befinden sich der **José-Martí-Nationalpark,** das spanische Kolonialstil-Restaurant **El Valle,** ein See mit Booten, ein Schwimmbecken und ein beliebter Angler-see. Das Valle Resort ist Sitz eines Jagd- und

Links: *Das Restaurant und Hotel Mirador de Mayabe im amero-indianischen Stil.*
Gegenüber: *Miniatur eines Grabfeldes im Museum Chorro de Maita.*

Angelclubs und hat ein Schwimmbecken mit künstlichem Strand. Die Bergferienanlage **Mayabe** ist ein Motel mit rustikalen Hütten und hat ein Schwimmbecken, das in den Berghang gebaut ist. Das Restaurant ist auf typische kubanische Küche spezialisiert, und die Bar El Burro Pancho (»Pancho, der Esel«) ist nach einem Esel benannt, der hier in den 1980er Jahren gehalten wurde. Bier trank er direkt aus der Flasche, und er hatte eine besondere Vorliebe für das lokale Brot *casabe* und fritiertes Schweinefett. Es werden Wanderungen und Ausritte angeboten.

Lorma de la Cruz *

Dieser nur wenige Kilometer von Holguín-Stadt entfernte Ort mit Panoramablick auf die Stadt ist die Stätte archäologischer Ausgrabungen, die uns vieles über die präkolumbianische Besiedlung erzählen. Hier wurde Mitte des 19. Jh. das Prunkstück des Provinzmuseums, die berühmte Holguín-Axt, gefunden. Der Ortsname »Hügel des Kreuzes« wurde geprägt, nachdem Fray Antonio Alegría am 3. Mai 1790 zum Gedenken an eine wundersame Erscheinung der Jungfrau Maria auf dem Gipfel ein großes Kreuz errichtet hatte. Der Wallfahrtsort ist mit Restaurant, Bar und Aussichtsturm ausgestattet. Pilger haben die Wahl, über 468 Stufen zum Gipfel zu steigen oder mit dem Wagen hinaufzufahren.

WALD UND REGEN

In vielen Regionen Kubas führen Pfade in die Berge, in denen man die Vegetation des Regenwaldes erleben kann. Feuchte, atlantische und karibische Winde werden über die Berghänge nach oben gedrückt; hier bilden sich Wolken, die sich über den Wäldern entleeren. Starke Sonneneinstrahlung läßt die Feuchtigkeit verdampfen und leitet so den nächsten Regen ein. Hartholzbäume spannen ihre Kronen bis zu 25 m hoch über die tiefergelegenen Berghänge, während im Nebelwald in einer Höhe von über 1000 m Orchideen, Bromelien und Farne gedeihen. In den Bereichen ab 1500 m überwiegen die knorrigen Bäume der alpinen Zone, die oft von Flechten und Moosen überzogen sind.

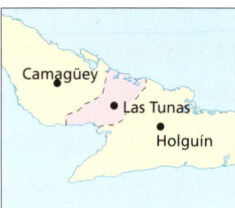

Rechts: *Tauchen entwickelt sich zu einer der führenden touristischen Attraktionen, besonders am drittlängsten Korallenriff der Welt vor der Nordküste.*

DIE PROVINZ LAS TUNAS

Verstreute Viehherden auf weiten Ebenen und endlos scheinende Zuckerrohrfelder prägen die Landschaft dieser ansonsten recht trostlosen Provinz. Der Name Las Tunas ist von der Bezeichnung für die hier vorherrschende Kakteenart abgeleitet, dem Gewöhnlichen Feigenkaktus, der die Trockenheit der Provinz unterstreicht. Nur wenige Besucher verweilen in diesem Gebiet. Sobald die Straße zu den Stränden um **Playa Covarrubias** fertiggestellt ist, wird ein Küstenabschnitt zu einem Feriengebiet ausgebaut, vor dem einige gute Tauchgebiete liegen.

Las Tunas-Stadt *

Der volle Name der 1759 gegründeten Provinzhauptstadt lautet Victoria de las Tunas. Ein spanischer Gouverneur gab dem damaligen Las Tunas 1869 den Beinamen »Victoria« anläßlich eines Sieges über kubanische Rebellen. 1895 aber waren hier die Kubaner die Sieger. Die heutige Hauptstadt ist aufgrund der zahlreichen Kunstwerke an ihren Straßen auch als »Stadt der Skulpturen« bekannt. Hier wurde der kubanische Poet Cristóbal Nápoles Fajardo geboren. Ansonsten ist wenig über die Stadt zu sagen, die in beiden Unabhängigkeitskriegen dem Erdboden gleichgemacht wurde.

Kubas Osten auf einen Blick

BESTE REISEZEIT

Das schönste Wetter herrscht von Mitte **Oktober** bis Ende **Mai.** In dieser Zeit ziehen die Strände an Camagüeys und Holguíns Nordküste die meisten Besucher an.

ANREISE

Seit der Flughafen von Camagüey für den internationalen Flugverkehr geöffnet wurde, sind die Strände an der Nordküste ein beliebtes Ziel der Pauschalurlauber geworden. Wer von Havanna oder Santiago de Cuba mit dem Auto anreist, wird sich der Abgeschiedenheit der Region bewußt werden.

VERKEHRSMITTEL

Selbst die größeren Städte können bequem zu Fuß erkundet werden. Taxis warten auf den Straßen und vor den Hotels. Pferdedroschken *(coches)* für eine Rundfahrt sind gewöhnlich an den größeren Plätzen zu finden. Busse eignen sich zur Überbrückung längerer Distanzen, Züge sind nicht zu empfehlen.

ÜBERNACHTEN

Camagüey
LUXUS
Raytur Cuatro Vientos, Santa Lucía, Nuevitas, Tel.: 0 32/ 36 51 20; Strandhotel mit exzellenter Ausstattung.
Golden Tulip Club Caracol, Santa Lucía, Nuevitas, Playa Santa Lucía, Tel.: 0 32/3 64 28; mittelgroßes Hotel am Strand.

MITTELKLASSE
Cubanacan Mayanabo, Santa Lucía, Nuevitas, Tel.: 0 32/ 3 61 84; Strandhotel mit Swimmingpool und ordentlicher Ausstattung.
Cubanacan Coral, Santa Lucía, Nuevitas, Tel.: 0 32/3 64 28; hübscher Strand, Unterbringung im Bungalowstil.

PREISWERT
Cubanacan Tararaco, Santa Lucía, Nuevitas, Tel.: 0 32/ 3 62 22; schöne Strandlage, Unterkunft im Bungalowstil.
Camagüey Hotel, Carretera Central, Tel.: 03 22/7 20 15; Stadtrandlage, Küche nicht unbedingt zu empfehlen.
Florida Hotel, Florida, Tel.: 0 32/ 5 30 11; Ambiente und Essen in Ordnung, zentrale Stadtlage.

Las Tunas
Las Tunas Hotel, Avenida 2 de Deciembre, Calle Findlay, Tel.: 0 31/4 51 69; bestes Hotel der Stadt, jedoch im klassischen Ostblockstil.

Holguín
LUXUS
Río de Luna, Estero Ciego, Playa Guardalavaca, Tel.: 0 24/ 3 02 02; eigener Strand, Swimmingpool, gepflegter Garten.

MITTELKLASSE
Cubanacan Guardalavaca, Playa Guardalavaca, Tel.: 0 24/ 3 01 21; übersichtliche Anlage mit Bungalows, schöner Strand.
Cubanacan Atlántico de Norte, Playa Guardalavaca, Tel.: 0 24/3 02 80; Bungalow- und Zimmerunterbringung, schöner Strand.
Cubanacan Don Lino, Playa Blanca, Tel.: 0 24/2 04 43; einfache Bungalows, wunderschöner kleiner Strand.
Mirador de Mayabe, Mayabe-Tal, Tel.: 0 24/42 34 85; hübsche Berglage, rustikale Unterkünfte.
El Pernik, Avenida Aniversario Nr. 20/Ecke Avenida Plaza de la Revolución, Tel.: 0 24/48 10 11; größtes und bestes Hotel im Umland von Holguín.

RESTAURANTS

Parador de los Tres Reyes, Plaza San Juan de Dios, Camagüey, exzellente Auswahl spanischer Gerichte.
Rancho Luna, Plaza Maceo, Camagüey, Tel.: 43 81; gehört zu den besten lokalen Küchen der Stadt.
Mirador de Mayabe, Mayabe Valley, Holguín, Tel.: 42 34 85; sehr gute, typisch kubanische Küche.
El Ancia, Playa Guardalavaca, die Meeresfrüchte gehören zu den besten der Region.

AUSFLÜGE

Die meisten Besucher kommen wegen der Strände, doch im Angebot sind auch Ausflüge zum Museum in Banes oder nach Camagüey-Stadt, Holguín-Stadt und weiter, bis hinab nach Santiago de Cuba.

NÜTZLICHE ADRESSEN

Havanautos, Hotel Camagüey, Tel. 03 22/7 20 15.
Havanautos, El Bosque Hotel, Holguín, Tel.: 0 24/48 10 12.

7
Die südliche Halbinsel

Drei Provinzen – Granma, Santiago de Cuba und Guantánamo – erstrecken sich über die Region, die früher einfach *oriente, der Osten,* hieß. Sie formen hier den »Kopf« der an einen Alligator erinnernden Insel Kuba. Die hohen Gebirge und tiefen Täler der Sierra Maestra gehen in der Provinz Granma in eine niedrige, flache Küstenebene über. In die lange südliche Küstenlinie der Halbinsel sind dagegen mit den Buchten von **Santiago de Cuba** und **Guantánamo** zwei taschenförmige Naturhäfen *(bolsa)* eingegraben.

Die beiden Endpunkte der Südküste markieren Kubas südlichsten und östlichsten Zipfel, **Cabo Cruz** und **Cabo Maisí.** Zwischen den Küsten von Kuba und dem nur 77 km östlich gelegenen Haiti liegt einer der tiefsten Meeresgräben Amerikas, die 7000 m tiefe **Fosca de Batle** (Bartlett-Rinne). Es gab in der Vergangenheit mehrere Erdbeben, so daß viele historische Gebäude der Restauration bedürfen.

Oriente blickt auf eine wechselvolle Geschichte zurück. Nachdem hier im frühen 16. Jh. erste spanische Siedlungen entstanden waren, wurde die Region zum Ziel von Piraten. 1662 eroberte Henry Morgan Santiago de Cuba für die Britische Krone. Die Einwohnerzahl der Region verdoppelte sich 1791, als nach einem Aufstand in Haiti 27000 französische Pflanzer von den dortigen Kaffee- und Zuckerplantagen nach Kuba flüchteten. Beide Unabhängigkeitskriege begannen in Orientes Bergen, und in Santiago de Cuba setzte Fidel Castro 1953 zu seiner ersten Attacke gegen die Diktatur an. Die Landung Castros und seiner Gefolgsleute in der Provinz Granma markiert den Beginn der siegreichen Revolution von 1959.

FLORIDA · BAHAMAS
Havanna
KUBA
HAITI
JAMAIKA
KARIBISCHES MEER

SEHENSWERTES

*** Parque Céspedes: historisches Zentrum von Santiago, Kubas zweitgrößter Stadt
*** Moncada-Kaserne: Stätte des Beginns der Revolution
*** Bayamo: eine der ältesten Städte Kubas
** Baracoa: Ort der ersten Landung von Kolumbus in Kuba
** Calle Heredia: gesäumt von Santiagos Museen
** El Cobre: Heimat der Nationalheiligen von Kuba
* Las Coloradas: Ort der Invasion Fidel Castros

Gegenüber: *Eines von 169 lebensgroßen Saurier modellen im Valle de la Prehistoria.*

AFRIKA IN KUBA

Als sich im 16. Jh. der Zuk-
kerrohranbau in Kuba aus-
weitete, schafften die Spanier Sklaven aus Afrika heran, und in den nächsten
Jahrhunderten blühte der
Sklavenhandel in der gesamten Karibik. Die kulturellen
und religiösen Bräuche der
Afrikaner beeinflußten die
Entwicklung der kubanischen
Gesellschaft. 1841 waren
60% der Bevölkerung
(162 000 Menschen) schwarz
beziehungsweise *moreno.*
Heute ist jeder achte Ku-
baner schwarzhäutig.

DIE PROVINZ SANTIAGO DE CUBA

Die Provinz Santiago de Cuba und die gleichnamige Hauptstadt wird überragt von Kubas mächtigstem Gebirgsmassiv
Sierra Maestra, dessen höchste Erhebung **Pico Turquino**
(1972 m) gleichzeitig der höchste Berg des Landes ist. San-
tiago-Stadt liegt überwältigend schön an einer großen Bucht
im Schatten der Sierra Maestra, in unmittelbarer Nähe zu
vielen traumhaften Stränden und wundervollen Landschaften. Ein Naturhafen macht die Stadt mit internationalem
Flughafen und guter Straßenanbindung an Havanna zu
einem bedeutenden Handelsplatz. Die »Stadt der Helden«
hat entscheidend zur Geschichte und Kultur des Landes beigetragen, und in den Adern ihrer überwiegend dunkelhäu-
tigen 500 000 Einwohner fließt ein Gemisch aus spanischem,
afrikanischem und französischem Blut.

Christoph Kolumbus entdeckte die Bucht von Santiago
1493 auf seiner zweiten Erkundungsfahrt. Der Spanier
Diego de Velázquez gründete die Stadt 1514 und taufte sie
auf den Namen des Schutzheiligen des spanischen Königs,

St. Jago. Die Bucht eignete
sich ausgezeichnet als Hafen, und schon 1523 war
Santiago Landeshauptstadt.

Eine Zeitlang wurde in
den umliegenden Bergen
nach Kupfer und Gold ge-
schürft, und die Stadt übte
eine enorme Anziehungs-
kraft auf Piraten aus, die
den Spuren der Spanier
folgten. Als im späten 18. Jh.

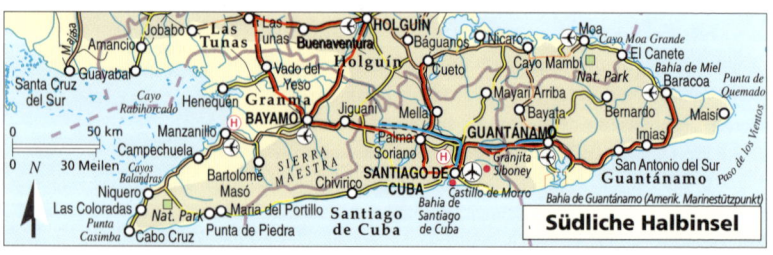

Südliche Halbinsel

Zucker zum Hauptprodukt des Landes wurde, war Santiago einer der wichtigsten Sklavenmärkte.

Die Stadt spielte in allen drei Revolutionen eine wichtige Rolle. Nach 1959 schritt ihre Entwicklung rasch voran, und heute ist sie nicht nur eine wichtige Hafenstadt, sondern auch ein bedeutendes Industrie-

zentrum mit drei Rumfabriken, einer Brauerei, einer Papierfabrik, zwei Kraftwerken und einer Ölraffinerie. Von besonderer Bedeutung für die Region ist auch der Nutzen aus dem Aufbau der touristischen Infrastruktur, der seit den 1980er Jahren vor allem an den herrlichen Stränden im Osten der Stadt mit hohem Aufwand betrieben wurde.

Parque Céspedes ***

Die meisten Stadtrundfahrten durch Santiago beginnen am Parque Céspedes. Westlich des Platzes steht eines der ältesten Häuser Kubas, **Casa Diego Velázquez,** das 1516 vom ersten Kolonisatoren und Gouverneur des Landes, Diego de Velázquez, errichtet und 1520 von Hernán Cortés erweitert wurde. Hier befindet sich heute das **Museum für koloniale Kunst.** Schauen Sie sich die Möbel im lokalen *tarburetei*-Stil aus Holz und Leder und die *tinajeros,* antike Trinkwasserfilter, an. Öffnungszeiten: Di–Sa 8–18 Uhr; So 9–13 Uhr.

Auf der gegenüberliegenden Seite des Céspedes-Platzes ist die **Touristen-Information,** und an seiner Nordseite steht das Rathaus **Ayuntamiento,** von dessen Balkon Fidel Castro am 1. Januar 1959 den Sieg der Revolution und die Unabhängigkeit erklärte. Die Ostseite des Platzes ziert das angemessen benannte **Casa Grande Hotel** aus dem 19. Jh.

Den Platz dominiert jedoch die im Süden stehende große Kathedrale **Santa Iglesia Basílica,** die 1524 errichtet und 1528 geweiht wurde. Nach mehreren schweren Erdbeben ist sie an dieser Stelle bereits zum vierten Mal erbaut worden. Sie ist eine der ältesten Kirchen in der Neuen Welt. Über

Oben: *Westlich vom Parque Céspedes (Santiago) befindet sich in Velázquez' Villa von 1516 das Museum für koloniale Kunst.* **Gegenüber:** *Schlange stehen an der Haltestelle – Alltag in einer Stadt mit unberechenbarem Transportsystem.*

AGUARDIENTE

Nach offizieller Darstellung wurde in Kuba bis 1764 kein Alkohol gebrannt. Nur Zucker und Melasse wurden produziert und exportiert. Dann begannen Sklaven auf den Zuckerplantagen einen nahezu reinen Alkohol herzustellen: *aguardiente* (Feuerwasser). Verdünnt wurde daraus das heute als Rum bekannte Getränk. Rum wurde endgültig zur Markenbezeichnung, als Don Facundo Bacardí in seiner 1862 gegründeten Fabrik ein alkoholisches Getränk entwickelte, das mit einem nationalen Preis ausgezeichnet wurde.

dem von vier Säulen getragenen Portal thront der Engel der Verkündung. Im Inneren verwaltet ein kleines Museum den Kirchenschatz und historische Dokumente. Das handgeschnitzte Chorgestühl geht auf das Jahr 1810 zurück. Im Erdgeschoß der Kathedrale sind Kunstwerke aus der gesamten Region ausgestellt. Hier und draußen an den Verkaufsständen kann man Drucke und Zeichnungen erstehen. Öffnungszeiten: Di–Sa 14–20 Uhr.

Nahebei, südlich des Platzes, steht in der **Calle Félix Peña** ein Haus, in dem Diego de Velázquez vermutlich wohnte. Es handelt sich um eines der ältesten Wohnhäuser Kubas und stammt wahrscheinlich aus den 1520er Jahren. Im Untergeschoß sollen erbeutete Aztekenschmuckstücke vor dem Transport nach Spanien zu Goldbarren verschmolzen worden sein.

Casa de Trova ***

Die Casa de Trova aus dem
18. Jh. in der Calle Heredia
Nr. 208 ist ein Muß für jeden,
der Interesse an kubanischer
Musik hat. Der Eintritt ist frei.
Nicht selten proben in dem
kleinen Improvisationstheater
einige der beliebtesten Musiker des Landes. Kubas älteste
Casa de Trova wird jeden
Samstag abend zum Aus-
gangspunkt eines Mini-Stra-
ßenkarnevals, der entlang der
Calle Heredia paradiert.

Calle Heredia **

Die Straße ist nach dem berühmten kubanischen Lyriker
des 19. Jh., José M. Heredia, benannt. Sein Geburtshaus, in
dem häufig Dichterlesungen oder andere Kulturveran-
staltungen stattfinden, liegt nur einen Häuserblock entfernt.
Öffnungszeiten: Mo–Fr 8–12 und 13–17 Uhr.

Oben: *Der Glanz des
Karnevals bei einer
Straßenparade in Santiago.*

Unmittelbar dahinter steht das ehrwürdige **Teatro
Guiñol,** das als Wiege des Theaters von Santiago gilt. Hier
stellen verschiedene Gruppen ihre speziellen Mixturen von
Musik und Theater vor. Meistens finden die Aufführungen
an den Wochenendabenden statt. Es gibt ein dauerhaft ver-
tretenes Kinderpuppentheater **Cabildo Teatral** (Vorstellungen: Di–Sa 19 Uhr; So 10 und 17 Uhr).

Ebenfalls in der Calle Heredia erinnert das **Museo del
Carnaval** (Karnevalmuseum) daran, daß der erste kubanische Karneval 1646 in Santiago de Cuba gefeiert wurde. Das
Museum präsentiert eine einzigartige Sammlung von Kar-
nevalskostümen und -masken aus verschiedenen Jahrhunderten.

In der Nähe beherbergt ein neoklassizistisches Haus aus
dem Jahre 1899 das **Museo Emilio Bacardí Moreau.** Hier ist
eine bunte Sammlung ausgestellt, die einem Sohn des Un-
ternehmensgründers von Bacardí Rum gehörte: amerikanische Kunst, eine 5000 Jahre alte ägyptische Mumie, europä-

---

ERSTER KARNEVAL

Der Karneval der Neuen Welt
hat seinen Ursprung in Santiago de Cuba, wo 1645 Sklaven in der Fastenzeit singend
und tanzend über die Straßen
zogen. Spanische Siedler hatten schon seit 1514 Karneval
in Form eines privaten religiösen Festes gefeiert, doch
die uns vertraute Ausprägung
erhielt er erst 130 Jahre später. In Havanna wurde offen-
bar 1650 zum ersten Mal
Karneval gefeiert. Die Paraden hießen ursprünglich *com-
parsas* und waren traditionell
den Schwarzen und Mulatten
– Mischlinge aus Verbindungen schwarzer und weißer
Eltern – vorbehalten.

Oben: *Kubas ältestes Museum wurde 1899 in Santiago vom Rumbaron Emilio Bacardí gegründet.*

FLEDERMAUSSYMBOL

Das Fledermaussymbol von Bacardí Rum prangt bis heute auf dem Art-déco-Firmengebäude in Havannas Altstadt, obwohl sich die Familie Bacardí 1960 auf die Bahamas absetzte. Seit der Firmengründung im Jahre 1862 produzierte die Originalfabrik in Santiago de Cuba das berühmte Getränk, das auf Kuba von den Marken Havana Club und Caribbean Club als Marktführer abgelöst wurde. Das Haus von Emilio Bacardí in Santiagos Calle Pio Rosado ist heute ein buntes Museum.

---

ische Kunstwerke, amerikanische Möbel sowie Dokumente, Flaggen und Erinnerungsstücke an Kubas Unabhängigkeitskriege. Bacardís erste Fabrik stand vor den Toren Santiagos; nach der Revolution wurde der Firmensitz nach Puerto Rico verlegt. Öffnungszeiten: Di–Sa 9–18 Uhr; So 9–13 Uhr.

Von der Calle Heredia zweigt die mit Kopfsteinen gepflasterte und von Gaslaternen beleuchtete Calle San Basilio ab, in der die einstige Stadtvilla des Bacardí-Klans heute die Adresse des **Restaurante Santiago 1900** ist. Das schöne Haus hat einen sehenswerten Innenhof und einen prächtigen Speisesaal, der im Stil der Jahrhundertwende mit Kronleuchtern und antikem Mobiliar ausgestattet ist. In der nahen Calle Santa Lucia steht, zwei Häuserblöcke südlich des Parque Céspedes, eine der ältesten Kirchen der Stadt, die **Iglesia Santa Lucía.** Sie gehört zu den wenigen alten Gebäuden, die den Erdbeben trotzen konnten.

Von hier sind es nur etwa 100 m bis zu einem der berühmtesten Aussichtspunkte Santiagos. Von den Pflasterstufen der alten Treppenstraße **Calle Padre Pico** öffnen sich grandiose Ausblicke auf den Hafen und die roten Dächer der Stadt.

Moncada-Kaserne ★★★

Die Kaserne nordöstlich des Stadtzentrums war das Ziel des historischen Angriffs revolutionärer Kräfte unter Führung des jungen Fidel Castro am 26. Juli 1953. Heute gehört sie zu den wichtigsten Wallfahrtsstätten des Landes. Die Fassade der heute als Grundschule genutzten Garnison ist mit Einschußlöchern übersät, und im Inneren informieren Modelle, Schaubilder und Ausstellungsstücke über die Vorbereitungen der Revolte, die Ausbildung der Truppen, den Angriff sowie die Gefangennahme und Folterung von 68 Revolutionären. Öffnungszeiten: Mo–Sa 8–18 Uhr; So 8–12 Uhr.

Die Farm **Granjita Siboney,** die Fidel Castro und seine Rebellen 1953 vor dem Sturm auf die Kaserne gemietet hatten, informiert heute als Museum über revolutionäre Heldentaten. Sie liegt südöstlich der Stadt in der Nähe der Playa Siboney. Öffnungszeiten: Di–So 9–17 Uhr.

> **BEWEGUNG DES 26. JULI**
>
> Jeder Kubaner kennt das Datum, an dem 1953 der 26jährige Jurist Fidel Castro an der Spitze von 140 jungen, schlecht ausgerüsteten Radikalen zum Sturm auf die Moncada-Kaserne in Santiago de Cuba ansetzte. 68 der festgenommenen 100 Angreifer wurden gefoltert und hingerichtet. Castro wurde vor Gericht gestellt und kam ins Modellgefängnis auf der Isla de la Juventud. Zum Gedächtnis an den Sturm auf die Kaserne trägt die Armee rot-schwarze Armbinden mit der Aufschrift M-26 Juli.

Castillo de Morro ★★

Südlich der Stadt, an der Straße zum Internationalen Flughafen Antonio Maceo, überschaut die Festung Castillo de Morro die Bucht von Santiago. Der wuchtige Bau, den ein tiefer, mit Steinen bewehrter Graben umzieht, wurde 1640 begonnen und zwei Jahre später vollendet. Hölzerne Zugbrücken und Gänge führen in den Innenbereich. Einen Besuch wert sind die Kerkerräume und das **Museum der Alten und Neuen Piraterie,** wo Exponate unter anderem von der Invasion erzählen, die einst von der CIA unterstützt wurde. Der Ausblick von den Zinnen auf der Festungsmauer zählt zu den spektakulärsten auf der gesamten Insel. Öffnungszeiten: Di–So 9–18 Uhr.

Unten: *Das mächtige Castillo de Morro, 1710 vollendet, hielt Attacken von Piraten wie Henry Morgan stand.*

Umgebung von Santiago

Eine weitere Sehenswürdigkeit, die von der glorreichen Geschichte der Region zeugt, ist der Hügel **Loma San Juan**

DIE SIERRA MAESTRA

Im schroffen Gebirgszug Sierra Maestra werden Trekking- und Bergsteigerexpeditionen angeboten. Einige der höchsten Berge können bestiegen werden, darunter der **Pico Turquino** (1972 m) und **Pico Cuba** (1872 m), die sich dicht an der Provinzgrenze von Santiago de Cuba erheben, sowie der **Pico Bayamesa** (1730 m) und der **Pico Martí** (1722 m) in der Nachbarprovinz Granma. Angler- und Jagdferien sowie Vogelbeobachtungen werden im Distrikt **Virama** und am **See Leonero** organisiert.

Unten: *Östlich von Santiago de Cuba wird die Landschaft wüstenhafter. Im Vordergrund ist das Valle de la Prehistoria zu sehen.*

östlich der Stadt, wo Theodore Roosevelt 1898 seine »Rauhen Reiter« gegen die spanischen Truppen ins Feld führte. Einen Besuch lohnt auch die **Sala Deposition Holographia** in der Avenida de las Américas, ein bemerkenswertes Museum mit Holographien zu Kubas Geschichte und den revolutionären Kämpfen. Öffnungszeiten: Di–So 8–22 Uhr.

Nördlich der Stadt liegt der **Friedhof Santa Ifigenia,** auf dem viele nationale Revolutionshelden bestattet sind, unter anderem José Martí. Sein mit einer Flagge drapiertes Rundmausoleum ist so angelegt, daß tagsüber immer Sonnenlicht auf dem Sarkophag liegt. Eine letzte Ruhestätte fanden hier auch Carlos de Céspedes, Antonio Maceo, Kubas erster Präsident Estrada Palma und Emilio Bacardí.

Santiagos Osten

13 km östlich der Stadt liegt im Hochgebirge der Sierra Maestra der **Gran Piedra Nationalpark.** Der Weg auf den 1226 m hohen Gipfel des Gran Piedra (»Großer Stein«) führt über 465 Stufen und eine Stahlleiter. Oben angelangt hat man einen überwältigenden Ausblick auf Täler voller Zuckerrohr und die sich weit nach Osten erstreckende Küste.

Kurz vor dem Parque Bacanao befindet sich das **Valle de la Prehistoria.** Hier haben Strafgefangene eine Ansammlung lebensgroßer Saurier aus Zement gegossen.

Weiter östlich erstreckt sich an der Provinzgrenze zwischen Santiago und Guantánamo auf 80 000 ha Fläche das Gebiet des **Parque Bacanao,** der von der UNESCO zum Naturreservat erklärt wurde. Entlang der Küstenlinie stößt man auf einen großen See, den gewundenen Río Bacanao, bewaldetes Grasland, einen Zoo und ein endloses Band sandiger Strände.

Links: *Die wie ein Juwel inmitten grüner Bergwäl-der stehende Kirche El Cobre aus dem Jahre 1927 ist Kubas einzige Basilika und beherbergt einen Schrein der Jungfrau Maria, der Schutzheiligen des Landes.*

Östlich von Santiago wurden ungefähr 40 km Küstenlinie für den Tourismus erschlossen, was dem Gebiet den optimistischen Beinamen »Riviera der Karibik« einbrachte. Unter den Einheimischen ist die **Playa Siboney** populärer als die kleine und oft überlaufene Bucht **Playa Bucanero** zu Füßen des großen Bucanero Hotels.

El Cobre ★★

Wenige Kilometer westlich von Santiago liegt eine der ältesten Siedlungen Kubas: El Cobre, das 1550 zum Abbau der in der Sierra Maestra entdeckten Kupfervorkommen gegründet wurde. Kubas Nationalheilige ist die Virgen da la Caridad, die seit den 1660er Jahren hier mehrmals erschienen sein soll und das Städtchen zum heiligsten Wallfahrtsort der gesamten Insel machte. Vor dem wundervoll grünen Hintergrund tropischer Bergvegetation steht die Basilika **La Caridad del Cobre**. Mit ihrem blaßrot gedeckten Hauptturm und zwei kleineren Türmen über den Seiten der weißen Fassade stellt sie ein eindrucksvolles Gebäude im gotischen Stil dar.

Im dunklen Innenraum des Heiligtums werden Geschenke aufbewahrt, die als Dank für verschiedene Wundertaten gestiftet wurden. Hemingways Medaille für den Literaturpreis, die er dem kubanischen Volk vermachte, wurde hier eine Zeitlang aufbewahrt. Castros Mutter stiftete eine Ikone aus Dankbarkeit, daß ihr Sohn die Revolution überlebt hat.

KAFFEE

In den Gebirgsregionen der westlichen Halbinsel und in der Sierra Maestra wachsen verschiedene Kaffeesorten, und hier besteht niemals Mangel an hausgetrocknetem, gemahlenem Kaffee. Die Kubaner trinken ihren Kaffee stark und schwarz aus kleinen Tassen und mit Unmengen Zucker. Manchmal wird der Kaffee nicht mit Zucker, sondern auch mit einem Streifen Zuckerrohrmark serviert, den man zum Umrühren verwendet und nach dem Genuß des schwarzen, belebenden Getränks zerkaut. Gerne geben Kubaner auch einen Schuß Rum in ihren Kaffee – vor allem in den morgendlichen.

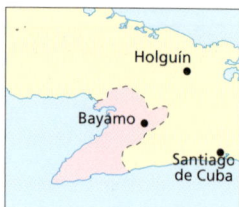

Rechts: *Bayamo blickt auf eine lange Musikgeschichte zurück, und bis heute halten viele lokale Bands die Tradition aufrecht.*

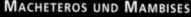

MACHETEROS UND MAMBISES

Kuba ist das Land des Zuckerrohrs. Das Messer, mit dem bei der Ernte die Zuckerrohrschäfte geschnitten werden, heißt Machete und gab den Erntekolonnen den Namen *Macheteros.* Ein berühmtes altes Photo zeigt Fidel Castro bei der Zuckerrohrernte, der *zafra.* 1868 schulte der Zuckerbaron und Führer des Unabhängigkeitskrieges Manuel de Céspedes seine Sklaven im Umgang mit dem circa 50 cm langen Messer als Kriegswaffe gegen die Spanier – gewissermaßen eine kubanische Umkehr des Schlagworts »Schwerter zu Pflugscharen«. Die Spanier nannten die gefürchtete, todbringende Schar *mambises:* Brut der Geier.

DIE PROVINZ GRANMA

Die mit blühender Landwirtschaft und Fischreichtum gesegnete Provinz hat 750 000 Einwohner und ist nach der kleinen Jacht *Granma* benannt, mit der Fidel Castro, Che Guevara und 80 andere Revolutionäre 1956 von Mexiko nach Las Coloradas an Kubas Südostküste segelten.

Bayamo ✱✱✱

Nachdem Diego de Velásquez 1512 Kubas erste Siedlung Baracoa gegründet hatte, nahm er Kurs gen Westen, wohin ihn die Goldvorkommen des nahen Jobabo lockten. Dort gründete er im folgenden Jahr **Bayamo.** Die Goldvorräte waren jedoch rasch erschöpft, und so wurde dort Zuckerrohr angebaut. Heute ist Bayamo die Hauptstadt der Provinz Granma. Am 10. Oktober 1868 gab **Carlos Manuel de Céspedes y de Castillo,** Besitzer der Zuckerrohrplantage Demajagua, seinen Sklaven die Freiheit und Waffen, um an ihrer Spitze die erste organisierte kubanische Revolte gegen die spanische Unterdrückung zu führen. Innerhalb eines Monats wuchs seine Rebellenarmee auf 1 200 Mann heran, die bei Bayamo auf spanische Truppen trafen. Auf sich selbst gestellt, blieb den Frauen nur die Flucht in die Berge. Zuvor setzten sie Bayamo in Brand, um die Stadt nicht den Spaniern zu überlassen. Seitdem trägt die Stadt den Ehrennamen *La Heroica,* die Heldenhafte, und noch heute wird zur Erinnerung an das Ereignis eine Parade abgehalten.

Weitere berühmte Bürger der Stadt sind der Kriegsheld Francisco Vincente Aguilera und Kubas erster Präsident Estrada Palma. José Martí, Held der kubanischen Unabhängigkeitskriege, fiel 1895 nicht weit von hier entfernt.

Iglesia San Salvador *

Die Besichtigung von Bayamo beginnt im allgemeinen an der Iglesia San Salvador (1630), einer der ältesten Kirchen Kubas und nationales Kulturdenkmal. Der reich verzierte Altar für die leidende Jungfrau Maria (Signora Dolorosa) stammt aus dem Jahre 1733. Schrein und Taufbecken sind dem Helden Céspedes gewidmet. 1867 komponierten Perucho Figueredo und Cedeno aus Bayamo die Nationalhymne »La Bayamesa«, die in dieser Kirche erstmals gespielt wurde und in der Originalfassung zahlreiche Schmähungen gegen die Spanier enthielt.

Plaza Céspedes **

Dieser auch Parque Céspedes genannte Platz gehört zu den schönsten seiner Art in Kuba. Er ist von blühenden Bäumen umsäumt und mit zahlreichen stolzen Königspalmen bepflanzt. Im **Rathaus**, das den Platz überschaut, forderte Céspedes die landesweite Abschaffung der Sklaverei – erreicht wurde dieses Ziel erst 12 Jahre später, 1880.

Das Gebäude mit den grauen und braunen Balkonen wurde 1819 zum **Geburtshaus von Céspedes**, dem »Padre de la Patria« (Vater der Nation). Das Haus ist heute ein Museum, das sich den Leistungen und Ereignissen im Leben des großen Mannes widmet. Zu den Exponaten gehören die Druckerpresse, mit der er Kubas erste Zeitung *Cubano Libre* herausbrachte, sowie Dokumente und alte Photographien, die von der Geschichte der Unabhängigkeitskriege erzählen. Öffnungszeiten: Di–Sa 12–19 Uhr; So 9–13 Uhr.

DAS LEBEN DES CÉSPEDES

Der 1819 geborene Kubaner Carlos Manuel de Céspedes, Schriftsteller und Besitzer einer Zuckerrohrplantage, führte seine Arbeiter in den ersten kubanischen Unabhängigkeitskrieg (1868–1878). Zu Beginn des Krieges nahmen die Spanier einen seiner Söhne als Geisel und forderten gegen dessen Freilassung die Kapitulation der Aufständischen. Céspedes erwiderte, daß alle Kubaner seine Söhne seien und die Freiheit aller nicht für die eines einzelnen geopfert werden könne. Daraufhin erschossen die Spanier seinen Sohn. Céspedes selbst fiel 1878 im Krieg.

Unten: *Da Bayamo von fruchtbarem Agrarland umgeben ist, steht den Einkäufern eine breite Palette an Obst und Gemüse zur Verfügung.*

Nach der verheerenden Landung der *Granma* im Jahre 1956, als über 60 Gefolgsleute Castros von Batistas Truppen getötet wurden, begann das verbleibende Dutzend in der Sierra Maestra mit dem Aufbau der Rebellenarmee. Nach zwei Jahren Versteckspiel, gelegentlichen Scharmützeln und der Rekrutierung von Bauern war Castros Armee auf 50 000 Mann angewachsen. Die Revolution trat in ihre ernste Phase.

Fidel führte seine Truppen nach Santiago, Che Guevara nahm Santa Clara ein und Raúl Castro stieß nach Norden vor. Innerhalb eines Jahres hatte Castro die Nation auf seiner Seite und konnte am 1. Januar 1959 siegreich in Havanna einziehen.

Unten: *Kubas Gewässer halten für Angler kapitale Fänge bereit.*

Ebenfalls an diesem Platz befindet sich das **Archiv.** Ein Fenster dieses vortrefflichen Beispiels klassischer spanischer Architektur erinnert an die Sängerin **Luz Vázquez,** die im 19. Jh. erste Interpretin der Nationalhymne »La Bayamesa« war und als schönste Frau von Bayamo galt. Mit einer der zahlreichen Pferdedroschken *(coches),* die auf Bayamos Straßen verkehren, lassen sich die Sehenswürdigkeiten der Stadt auf gemütliche Weise erkunden.

Las Coloradas *

Am 2. Dezember 1956 landete ein Boot, das in Mexiko Segel gesetzt hatte und vom Kurs abgekommen war, am abweisenden Strand von Las Coloradas an der Südküste. An Bord waren Fidel Castro, sein Bruder Raúl, Che Guevara, Camilo Cienfuegos, Universo Sánchez und 77 Kameraden. Konterrevolutionäre hatten Batistas Streitkräfte vor der Ankunft der *Granma* gewarnt, und als die Rebellen landeten, nahm eine Staffel der Luftwaffe das Gebiet unter Beschuß und richtete Verwüstungen an, die bis heute zu sehen sind.

Die Revolutionäre, die sich durch dichten Mangrovensumpf kämpfen mußten, waren hilflos. Nur 12 der 82 Männer überlebten und konnten sich in die Berge der Sierra Maestra durchschlagen. Von hier aus nahmen sie ihren zwei Jahre währenden Kampf zum Sturz Batistas auf, der am 1. Januar 1959 mit dem Einzug Castros in Havanna siegreich endete.

Heute heißt ein Teil des Gebietes **Hafen der Freiheit.** Zu Ehren der Märtyrer wurde ein Denkmal errichtet, und Besucher können über einen Holzplankenweg durch die zerbombte Sumpflandschaft zur damaligen Anlegestelle der Jacht gelangen. Die *Granma* und andere Transportmittel aus der Revolutionszeit sind in Havanna ausgestellt.

Links: *Überall in der Provinz Guantánamo stößt man auf Bananenplantagen.*

DIE PROVINZ GUANTANAMO

Die im östlichsten Zipfel der südlichen Halbinsel Kubas gelegene Provinz bietet eine äußerst abwechslungsreiche Landschaft: Teils ist sie üppig grün, dann wieder trocken, teils ist sie flach und auch gebirgig. Ihr auffälligster Blickfang ist der Berg **El Yunque** (»Der Amboß«) über der Stadt Baracoa, dessen abgeflachten Gipfel 1492 schon Kolumbus erwähnte. Höchster Berg der Provinz ist mit 1231 m der **Pico Cristal.**

Guantánamo gehört zu den wildesten und rückständigsten Provinzen Kubas. Selbst die amero-indianischen Taíno fanden erst um das Jahr 1450 hierher. 42 Jahre später betrat Kolumbus in dieser Region zum ersten Mal kubanischen Boden, und 1512 gründete Diego de Velázquez die erste europäische Siedlung auf der Insel, der er den Namen »Nuestra Señora de la Asunción de Baracoa« gab.

In den erhöhten Lagen wachsen Bananen, Kokosnüsse, Kaffee und Kakao, und die flache Ebene um die Bucht von Guantánamo bietet beste Bedingungen für den Ackerbau. Den Namen Guantánamo tragen sowohl die große Bucht als auch der amerikanische **Marinestützpunkt** um den Hafen Caimanera und nicht zuletzt die nordwestlich der Bucht gelegene **Provinzhauptstadt**. Abgesehen von einigen spanischen Kolonialhäusern, die zum Teil aus der Zeit der Stadt-

RAUBFISCHE

Zu den zahlreichen Raub- und Nutzfischen in den Meeren um Kuba gehören Marlin, Hai, Thunfisch, Makrele, Dorade, Delphin, Schwertfisch, Zackenbarsch, Barracuda und der Fliegende Fisch. In den Binnengewässern und im Brandungsbereich bieten Seehechte, Rochen, Tarpons, Grashechte, Albacoren, Königsfische und Knochenfische den Anglern reichhaltige Fangmöglichkeiten. Im Laufe der Jahre wurden immer neue Rekorde aufgestellt. Blauer Marlin: 581 kg; Schwertfisch: 536 kg; Tarpon: 1218 kg; Sägefisch (prämierter Raubfisch): 41 kg; Delphin: 39 kg; Barracuda: 38 kg.

Oben: *In Guantánamo sind einige schöne Häuser aus dem 19. Jh. erhalten.*

STÜTZPUNKT GUANTANAMO

Der amerikanische Marinestützpunkt in Guantánamo wurde 1898 als Folge der amerikanischen Intervention im zweiten kubanischen Unabhängigkeitskrieg eingerichtet und dient seitdem als Station für Schiffe, die die Karibik befahren. Der nur 116 km² große Stützpunkt befindet sich seit 1901 für einen Betrag von jährlich 4085 US-Dollar im Pachtbesitz der USA. Die Schecks sind niemals eingelöst worden, sie befinden sich auf einer Schweizer Bank. Umringt von Stacheldrahtzäunen und Minenfeldern leben hier etwa 8000 Angehörige der Streitkräfte, die den Spitznamen »Gitmo« tragen und die USA jährlich 36 Mio. US-Dollar kosten.

gründung 1797 stammen, hat sie touristisch wenig zu bieten. Die Stadt wurde für kurze Zeit in den ersten Unabhängigkeitskrieg hineingezogen und war während der Revolution ein Zentrum der Guerrillas.

Wer die berühmte amerikanische Marine-Enklave sehen will, kann vom Aussichtsturm auf dem neuen **Caimanera Hotel** im Dorf Caimanera einen Blick über Niemandsland auf die Militärbasis werfen. Die meisten Besucher aber werden Guantánamo kaum beachten und sich schöneren Landschaften und der interessanteren Stadt Baracoa zuwenden.

Baracoa **

In einer Bucht, die Kolumbus 1492 Puerto Santo getauft hatte, gründete Velázquez 1512 die erste koloniale Siedlung in Amerika, Baracoa. Sie blieb fast drei Jahre Hauptstadt, bis die Gouverneurregierung ins günstiger gelegene Santiago de Cuba zog. Im Stadtzentrum, das westlich der Bucht von Miel von der Küste des Atlantischen Ozeans begrenzt wird, steht an der **Plaza Independencia** eine Statue des ameroindianischen Häuptlings und ersten kubanischen Märtyrers Hatuey. Die um 1820 erbaute **Pfarrkathedrale** steht an der Stätte der ersten Kirche Amerikas, die hier 1512 errichtet wurde. Vom ursprünglichen Gebäude ist allerdings nichts

erhalten geblieben. Als kostbare Reliquie wird hier das Kreuz des Weins (Cruz de Parra) aufbewahrt, das Kolumbus angeblich 1492 an den Strand von Baracoa trug und von seinem Priester aufstellen ließ.

Die auch unter den Namen Seburuco oder Sanguily bekannte **Festung El Castillo** ist heute ein Hotel. Die 1802 gebaute **Festung Matachín,** das die Zufahrt nach Baracoa überwacht und während der Unabhängigkeitskriege ein Bollwerk der Spanier war, beherbergt ein interessantes Museum mit amero-indianischen Exponaten und einer Abteilung, in der die Geschichte der Russin La Rusa aufgezeigt wird. Sie suchte in Baracoa Zuflucht, schloß sich den revolutionären Kräften an und baute eine Frauenorganisation auf, die den Frauen der Revolutionäre Hilfe leistete. Öffnungszeiten: Di–Sa 9–17 Uhr; So 9–13 Uhr.

Oben: *Eine Statue zum Gedächtnis an Bruder Bartolomé de las Casas, der sich für die Amero-Indianer einsetzte.*

Die dritte Festung von Baracoa, **La Punta,** wurde 1803 errichtet und beherbergt heute das **Restaurant de la Punta,** das zu den besten und bekanntesten der Stadt gehört.

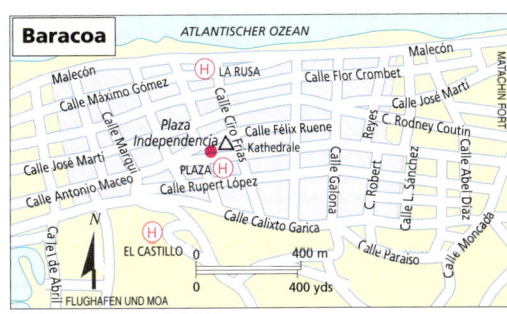

Oben: *Hohe Luftfeuchtigkeit über dem Wald im äußersten Osten Kubas.*

DER FREGATTVOGEL

Es gibt in Kuba mehrere Fregattvogelkolonien. Man nennt den Vogel den »Kriegerischen«, da er andere Seevögel angreift und ihnen das Futter abjagt. Die breite Flügelspanne und der gegabelte Schwanz sowie der scharlachrote Kehlkopf des ansonsten schwarzen Männchens geben ihm ein imposantes Aussehen. Die Vögel erreichen Fluggeschwindigkeiten von bis zu 150 km/h und nisten in küstennahen Mangrovengebieten. Ihr kubanischer Name lautet *rabihorcado*.

Das Gebäude mit der Anschrift **Calle Juración Nr. 49** nahe der Stadtgrenze ist vermutlich Amerikas ältestes Gemäuer. Das wahrscheinlich aus dem Jahre 1512 stammende Wohnhaus mit ehemals nur einem Raum ist im Laufe der Zeit vergrößert worden. Das Äußere läßt nicht auf das Alter schließen, das durch die Balken im Inneren belegt wird. Auf der anderen Straßenseite steht der große Rundturm **Torreón de Joa**.

Ausflug zu Kubas östlichstem Landzipfel

Um Kubas östlichsten Landzipfel Punta Maisí zu erreichen, folgt man von Baracoa zunächst der Straße ins Inselinnere, bis diese in einem kleinen Dorf am Ufer des breiten Flusses Boca de Yumuri wieder auf die Küste trifft. Am anderen Flußufer führt eine schmale Straße steil hinauf zum kleinen Dorf La Maquina. Von hier führt die Fahrspur hinab nach Las Casimbas und weiter zu Kubas östlichstem Dorf **Maisí**, in dessen Nähe sich das interessante Höhlensystem **Cuevas del Agua** befindet. Trotz des kleinen Leuchtturms in Punta Maisí liegt der östlichste Inselzipfel **Punta del Quemado** noch 5 km weiter südlich. Von dort ist die nächste östliche Insel, Haiti, nur 77 km entfernt.

Die südliche Halbinsel auf einen Blick

BESTE REISEZEIT

Da es während des europäischen und nordamerikanischen Winters in dieser Region sehr heiß werden kann, ist die südliche Halbinsel in jenen Monaten ein beliebtes Reiseziel der Kanadier. Abgesehen von der manchmal etwas stürmischen Zeit zwischen Juli und Oktober gilt **das ganze Jahr** als gute Reisezeit.

ANREISE

Santiago de Cuba hat einen internationalen **Flughafen,** und die regelmäßigen Inlandsflüge von Havanna sind preiswert. Havanna und Santiago sind außerdem durch die (allerdings langsame) Eisenbahn und die Autopista verbunden.

VERKEHRSMITTEL

Santiago de Cuba läßt sich zu Fuß erforschen. Touristentaxis sind an Straßen und Hotels erreichbar. In einigen Städten, z.B. Bayamo, sind Pferdedroschken zu mieten.

ÜBERNACHTEN

Granma
Luxus
Club Amigo Farallón del Caribe, Marea del Portillo, Pilón, Tel.: 0 23/59 71 81; in Hügellage mit Blick auf einen schwarzen Sandstrand.

MITTELKLASSE
Viramas Fishing and Hunting Lodge, Carretera Vado del Yeso, km 32, Granma; ausgerichtet auf Jäger, Fischer und Naturliebhaber.

Sierra Maestra, Bayamo, Granma, Tel.: 0 23/48 10 13; Stadtrandlage, Swimmingpool, modernes Restaurant.
Guaycanayabo, Avenida Camilo Cienfuegos, Manzanillo, Granma, Tel.: 0 23/5 40 12; über einer Bucht gelegen, kürzlich renoviert.

PREISWERT
Cubanacan Marea del Portillo, Marea del Portillo, Pilón, Tel.: 0 23/59 42 01; war erstes Ferienhotel der Region, nun renoviert.

Santiago de Cuba
LUXUS
Cubanacan Santiago de Cuba, Carretera las Américas, Tel.: 02 26/8 66 66; Stadtzentrum, 24-Stunden-Service, Swimmingpool.

MITTELKLASSE
Cubanacan Versalles, Carretera Morro, Tel.: 0 23/9 10 14; in Stadtnähe, 14 Bungalows, Swimmingpool, gute Ausstattung.
Club Amigo Bucanero, Carretera Baconao, Tel.: 0 23/5 45 96; Aussicht auf Berge und Meer, Aqua-Bar, Ausflugsangebote.

PREISWERT
Cubanacan La Gran Piedra, Carretera La Gran Piedra, km 14, Tel.: 02 26/59 13; liegt auf über 1000 m Höhe; toller Blick Richtung Haiti.
Casa Granda, Parque Céspedes, Tel. 02 26/8 66 00; mitten im Stadtzentrum, nette Atmosphäre.

Guantánamo
PREISWERT
Guantánamo Hotel, Calle 13 Norte, Tel.: 0 21/32 60 15; im Sowjetstil, jedoch einzige Unterkunftsmöglichkeit.

RESTAURANTS

Granma
La Casona, Plaza de Himno Nacional, ausgezeichnete kubanische Küche.

Santiago de Cuba
1900 Restaurant, San Basilio zwischen Pio Rosado, Tel.: 2 35 07; hübsches Kolonialstilgebäude, internationale Küche.
El Morro, neben der gleichnamigen Festung, Tel.: 15 76; exzellente kreolische Küche.
Tocororo, Reparto Vista Alegre, Tel.: 4 14 10; koloniale Ausstattung, exzellente kubanische und internationale Küche.

Guantánamo
El Punta, in der gleichnamigen Festung nördlich von Baracoa, Tel.: 4 21 47; Restaurant und Nachtklub.

AUSFLÜGE

Die meisten Hotels bieten Ausflüge nach Santiago, Bayamo, El Cobre, Baracoa und Guantánamo an. Beliebt sind Ausritte zu Pferde in der Sierra Maestra oder entlang der Strände.

NÜTZLICHE ADRESSEN

Havanautos, Hotel Las Américas, Santiago de Cuba, Tel.: 02 26/4 20 11.

8
Die vorgelagerten Inseln

Vor Kubas insgesamt 6 000 km langer Küstenlinie liegen unzählige Korallenbänke, kleinere und größere Inseln. Einige ragen gerade eben über die Wasseroberfläche, während andere die Größe bekannter karibischer Inseln erreichen. Die austernförmige Isla de la Juventud ist zum Beispiel siebenmal so groß wie Barbados.

Als einzige Insel der Karibik hat Kuba Küsten zu drei verschiedenen Meeren: zum Karibischen Meer im Süden, zum Atlantischen Ozean im Norden und zum Golf von Mexiko im Westen. Die Sandinseln und Riffe, die Gewässer und Unterwasserwelt dieser Meere unterscheiden sich voneinander.

In einigen Gebieten schmiegen sich ausgedehnte Gruppen von Sandinseln wie eine Halskette um die Insel Kuba. Die meisten der 1600 Inseln sind unfruchtbar und öde, doch einige – wie die berühmte 27 km lange **Cayo Largo** – sind gut für den Tourismus erschlossen. Drei von fünf Inseln und zahllosen Inselchen im Norden, die den **Archipiélago de Camagüey** bilden, sind inzwischen durch eine Dammstraße mit dem Festland verbunden.

DIE INSELN VOR CAMAGÜEY

Der Camagüey-Archipel umfaßt die Inselchen und Sandbänke zwischen Camagüeys Nordküste und der Großen Bahama-Bank. Die schmalen Meeresstraßen Guillermo und Paredón Grande führen durch Korallenriffe hindurch zu den zahlreichen Sandinseln. Circa eine Stunde dauert die Bootsfahrt von **Punta Alegre** auf dem kubanischen Festland zur nur 14 km² großen Sandinsel **Cayo Guillermo**. Sie ist

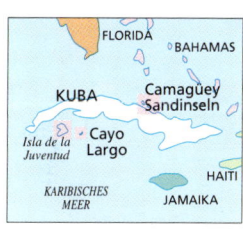

Gegenüber: *Exzellente Strände und warme Gewässer machen Cayo Largo vor Kubas Südküste zum idealen Urlaubsort.*

die letzte eines Bandes kleinerer Inseln, bevor sich im Westen die großen Sandinseln Coco, Romano, Paredón Grande, Guajaba und Sabinal anschließen.

Guillermo ist eine Fischerinsel mit drei phantastischen Stränden, die zum Sonnenbaden und Schwimmen geradezu einladen. Das Schiff *La Patana* wurde zu einem schwimmenden Hotel umgestaltet, das vor der Sandinsel festgemacht ist und alle Annehmlichkeiten einer Küstenferienanlage bietet. Mehrere leistungsfähige Boote liegen vor Anker, die Gäste zum Angeln in die Gewässer der Großen Bahama-Bank hinausbringen. Kleinere Boote namens *piranas* und *tataguas* fahren Besucher zwischen dem schwimmenden Hotel und der Küste hin und her.

Die Sandinseln Guillermo, Coco und Paredón Grande sind nationales Kulturerbe und stehen unter Naturschutz. Mit einer Fläche von 370 km^2 und traumhaften Stränden auf 22 km Länge ist **Cayo Coco** Kubas größte Sandinsel. Sie bietet insgesamt 32 000 Gästen Unterkunft, einen Golfplatz und eine Hafenanlage mit Ankerplätzen für circa 200 Schiffe. Eine 33 km lange Dammstraße führt über die beiden Sandinselanlagen Romano und Sabinal von Turiguano in der Provinz Ciego de Ávila bis zum Strand Las Coloradas auf Cayo Coco. Zu den kleineren Sandinseln des Archipels gehören **Cayo Cruz, Cayo Santa María** und **Cayo Paredón Grande,** das mit bezaubernden Stränden und einem 1859 von chinesischen Arbeitern errichteten Leuchtturm lockt.

NATUR DER SANDINSELN

Schildkrötengras und Mangroven prägen das Bild der Sandinseln, und hier und da ragen in jüngerer Zeit gepflanzte Palmen in die Höhe. Vertreter der Fauna sind Leguane, Flamingos, eine breite Palette von Krustentieren und insgesamt 27 Meeressäugetierarten. Außerdem wurden im Küstenraum 39 Arten von Amphibien und Reptilien sowie 159 Vogelarten identifiziert. Ein guter Platz für die Beobachtung seltener Vogelarten ist Cayo Pájaros (in der Nähe von Cayo Largo). Auf einigen Sandinseln im Norden Camagüeys leben Wildschweine, Wildrinder und Pferde.

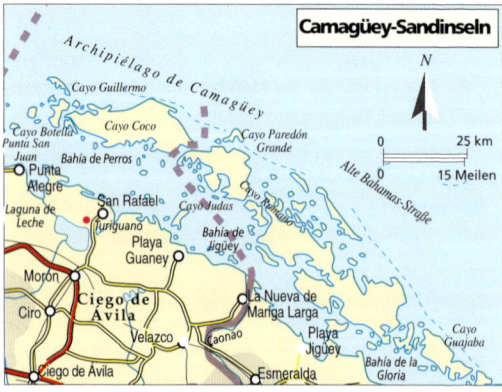

Links: *Wassersport ist an Cayo Largos Playa Sirena das Maß aller Dinge.* **Gegenüber:** *Ein kleines Stück Paradies auf Cayo Coco.*

CAYO LARGO ★★★

Die meisten Besucher Cayo Largos reisen von Varadero an, dem Ausgangspunkt zahlreicher Programme, die einen kurzen Aufenthalt auf dem friedlichen Eiland enthalten. Die paradiesisch einsame Insel liegt 50 km vor Kubas Südküste im Canarreos-Archipel inmitten von Korallenriffen. Mit 25 km Länge und 5 km Breite ist sie die größte Insel der gesamten Gruppe. Seit sie Ende der 1970er Jahre für den Tourismus geöffnet wurde, locken die kristallklaren Gewässer und schneeweißen Sandstrände zahlreiche Besucher an.

Regelmäßige Flüge von Varadero, Havanna und anderen Orten nach Cayo Largo ermöglichen Tagesausflüge zur Insel. Allerdings bleiben die meisten Gäste zwei oder mehr Tage, um den ungestörten Frieden und die Ruhe genießen zu können. Die vom Strand **Sirena** dominierte Westküste wirkt fast grün im Vergleich zu den blendend weißen Stränden **Lindamar, Blanca, Los Cocos, Tortuga** und **Luna** an der Südküste. Die drei Touristenzentren Hotel Isla de Sur, Villa Iguana und Villa Capricho am »Knie« der L-förmigen Insel sind Ziele der länger verweilenden Gäste. Kurzzeitbesucher sind dagegen eher im Bereich der Anlage Combinado gegenüber der Playa Sirena anzutreffen. Unterkunft bieten ferner die Hotels Cocodrilo (Krokodil) und

---

SCHILDKRÖTEN

Zwischen April und Juni legen Schildkrötenweibchen an den Stränden, an denen sie selbst schlüpften, ihre Eier ab. Sie graben 1 m tiefe Löcher in den Sand, in die sie bis zu 200 billardkugelgroße Eier legen. Diese werden verscharrt, und nach acht Wochen schlüpft die 10 cm große Brut aus. Die Nesttemperatur beeinflußt das Geschlecht der Tiere. Bei wärmeren Temperaturen schlüpfen mehr Weibchen. An Kubas Küste und auf den vorgelagerten Inseln gibt es zahlreiche geschützte Brutplätze für Schildkröten.

Oben: *Vor Cayo Largo liegt Cayo Iguana, ein Schutzgebiet mit vielen Leguanen und Schildkröten.*
Gegenüber: *Der Strand des Hotels Colony auf der Isla de la Juventud.*

Tortuga (Schildkröte). Im Hauptkomplex des Combinado gibt es einen Wassersport- und Einkaufsbereich, in dem Interessierte in Kubas einzigem Voodoo-Shop nach Gegenständen stöbern können, die eng mit dem Santería-Kult verknüpft sind. Rund um die Insel warten zahlreiche gemütliche Strandbars auf Gäste, die in der Regel auch Speisen im Barbecue-Stil anbieten. Der Besucher sollte sich allerdings darüber im klaren sein, daß Ausflüge nach Cayo Largo, der dortige Aufenthalt und das Mieten von Wassersportausrüstungen im Vergleich zum kubanischen Festland recht teuer sind.

Cayo Libertad *

Von Varadero leicht zu erreichen ist eine wesentlich preiswertere und noch immer recht einsame und verträumte Insel: Cayo Libertad – eine von tausend Kleinstinseln in Kubas nördlichen Küstengewässern. Das Touristenbüro organisiert Tagesausflüge mit dem Motorboot. Zum Programm gehören Schwimmen und Schnorcheln über einigen spektakulären Korallenriffen sowie ein Mittagsmahl im Besucherzentrum.

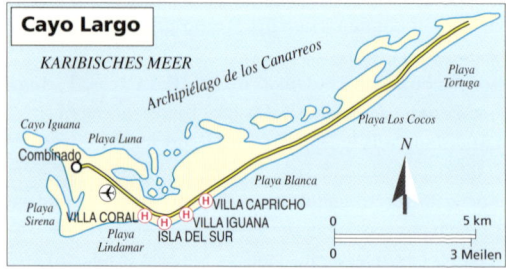

Cayo Largo

KARIBISCHES MEER

Archipiélago de los Canarreos

Playa Tortuga

Cayo Iguana

Playa Luna

Combinado

Playa Los Cocos

N

Playa Blanca

Playa Sirena

VILLA CORAL

VILLA CAPRICHO

VILLA IGUANA

ISLA DEL SUR

Playa Lindamar

0   5 km

0   3 Meilen

Isla de la Juventud *

Die Isla de la Juventud (Insel der Jugend) hat die Form eines dicken Kommas und liegt im ausgedehnten Archipiélago de los Canarreos etwa 100 km südlich von Kubas Karibikküste. Die überwiegend flache Insel erreicht mit einer Fläche von 3020 km² etwas über ein Viertel der Größe Jamaikas. Die ehemals Papageieninsel und später Pinieninsel

genannte Isla de la Juventud soll die »Schatzinsel« sein, die der Schriftsteller Robert Louis Stevenson im 19. Jh. in seinem berühmten Buch beschrieb. Ungefähr 100 000 Menschen leben hier, die meisten von ihnen in der Hauptstadt **Nueva Gerona.** Großflächige Zitrushaine, Marmorblöcke und der sich zügig entwickelnde Tourismus sind die wichtigsten Einkunftsquellen der Insel. Das Tauchen vor der Südküste genießt in den Reihen der internationalen Tauchergemeinde fast schon legendären Ruf.

Nueva Gerona *

Die Inselhauptstadt hat für Touristen wenig zu bieten. Die meisten fahren vom Fährhafen sofort weiter zu ihrem Inselziel, ohne die Stadt eines Aufenthaltes zu würdigen.

In Nueva Gerona stehen einige hübsche koloniale Holzhäuser, doch ansonsten wirkt die Stadt eher wie aus dem Wilden Westen. Viele Häuser wurden im frühen 20. Jh. von Amerikanern in dem Irrglauben gebaut, daß die Insel zu einem Bundesstaat werde. In der Stadt gibt es mehrere Cafés und Restaurants, einige Hotels sowie eine Kunstgalerie und zwei Museen, von denen eines ein Planetarium führt.

Isla de la Juventud

In der Nähe des Stadtzentrums ist das berühmte Schiff *El Pinero* festgemacht. 1955 brachte es Fidel Castro und die Rebellen von Moncada nach der Generalamnestie in die Freiheit nach Mexiko.

Das Modellgefängnis **

Wenige Kilometer östlich der Stadt steht das berüchtigte Modellgefängnis. Schon in der spanischen Kolonialzeit hatte die Insel als Strafkolonie gedient. Das Gefängnis wurde jedoch erst zwischen 1926 und 1931 unter der Diktatur Machados gebaut. Als Castro und seine Anhänger 1953 nach dem Sturm auf die Moncada-Kaserne in Santiago de Cuba festgenommen worden waren, kerkerte man sie hier bis zu einer Generalamnestie im Jahre 1955 ein. Das Gefängnis wurde 1966 geschlossen und ist heute Touristenattraktion und nationale Gedenkstätte. Ein Teil des Geländes wurde zu einem Flaschenabfüllbetrieb umfunktioniert. Öffnungszeiten: Di–So 9–17 Uhr.

Colony und Punta del Este ***

Die meisten Besucher wohnen nicht im Hotel Cubana in Nueva Gerona oder in der Villa Gaviota vor den Toren der Stadt, sondern im Hotel **Colony** im Süden der Insel. Hauptattraktion sind hier die über 50 Tauchziele vor dem gegenüberliegenden **Punta Francés.** Es gibt zahlreiche Riffe, Unterwassertunnel, Höhlen, etliche Wracks und einige Stellen, die als Ausgangspunkt für Tiefseetaucher dienen. Im Osten der Insel liegen die sieben Höhlen **Punta del Este,** die einst von amero-indianischen Siboney-Stämmen besiedelt waren. Sie enthalten einige der bedeutendsten Höhlenmalereien des karibischen Raumes. Die 235 Petroglyphen, Zeichnungen und geätzten Diagramme, von denen einige vermutlich astronomische Bedeutung haben, stammen aus der Zeit zwischen 1000 v. Chr. und 800 n. Chr. Entdeckt wurden sie 1910 von einem schiffbrüchigen Franzosen.

Unten: *Der Rundbau des Modellgefängnisses auf der Isla de la Juventud, in dem Castro eingekerkert war.*

Die vorgelagerten Inseln auf einen Blick

BESTE REISEZEIT

Die meisten Besucher der Sandinseln und der Isla de la Juventud wollen angeln, tauchen oder einfach nur am Strand liegen. Wer mit dem Boot hinausfahren möchte, sollte wissen, daß zwischen **Juli** und **Oktober** starke Winde aufkommen können. Für Taucher: Winde können auch die Sicht unter Wasser trüben.

ANREISE

Viele kleine Inseln sind nur mit dem Boot zu erreichen. Eine gute Dammstraße berührt zwei Inseln im Camagüey-Archipel und führt weiter bis nach Cayo Coco. Cayo Largo ist durch Fluglinien mit Havanna und Varadero verbunden. Schiffe verkehren unregelmäßig zwischen Cienfuegos und der Inseln. Im Hafen von Batabano an der Südküste der Hauptinsel legen Fähren und Tragflächenboote zur Isla de la Juventud ab. Auch diese Insel wird regelmäßig von Havanna aus angeflogen.

VERKEHRSMITTEL

Die beiden unten genannten Hotels auf der Isla de la Juventud vermitteln Taxis und Mietwagen. Autos, Buggies, Mopeds und Fahrräder können an den Hotelrezeptionen der meisten Sandinsel-ferienanlagen gemietet werden. Oft sind Boote auf Charterbasis erhältlich.

ÜBERNACHTEN

Cayo Largo
Luxus
Isla del Sur, Tel.: 05/4 81 60; sehr schönes Strandhotel.
Villa Iguana, Tel.: 05/4 81 60; zweistöckige Bungalows im Zentrum der Insel.
Villa Coral, Tel.: 05/4 81 60; Koloniales Strandhotel.
Villa Capricho, Tel.: 05/4 81 60; rustikale Unterkunft in Hütten mit Palmfaserdächern.

Cayo Guillermo und Cayo Coco
Luxus
Villa Cojímar, Cayo Guillermo, Tel.: 0 53 33/30 17 25; perfekte Strandlage, abgelegen, alle Wassersportarten.
Hotel Tryp Cayo Coco, Playa Larga, Cayo Coco, Tel. 033/30 13 11; gehobene Preisklasse, sehr komfortabel.

Isla de la Juventud
Hotel Colony, Carretera de Siguanea, Tel.: 0 61/9 82 82; zugeschnitten auf Tauchurlauber (mit Familie), die Zurückgezogenheit suchen.
Villa Gaviota, Autopista Nueva Gerona, La Fe, Tel.: 0 61/2 32 90; an der Stadtgrenze von Nueva Gerona gelegen, mit Swimmingpool.

RESTAURANTS

Da die Hotels auf den vorgelagerten Inseln in der Regel isoliert liegen, ist man auf die Hotelküchen oder vereinzelte Restaurants in Hotelnähe angewiesen.

Isla de la Juventud
Ranchón Arco Iris, Hotel Colony, Tel.: 9 81 81; Hummer und Meeresfrüchte 1a!
El Cochinito, Calle 39, Nueva Gerona, Tel.: 2 28 09; Spezialität: Schweinefleischgerichte.

Cayo Largo
Pelicano, Tel.: 79 42 15; hervorragende internationale und kreolische Küche.

Cayo Coco
El Caribeño, Guitart Hotel, Tel.: 33 53 88; kubanische und karibische Küche.

Cayo Guillermo
Océano, Tel. 05 30 44; berühmt für Meeresfrüchte.

AUSFLÜGE

Die vorgelagerten Inseln bieten vor allem Strand und Wassersport. Die Angebote beschränken sich deshalb auf Bootsfahrten über Korallenriffe, Angeln und Tauchen.

NÜTZLICHE ADRESSEN

Aerotaxi, Cayo Largo, Tel.: 79 32 55.
Aerotaxi, Nueva Gerona, Isla de la Juventud, Tel.: 0 61/2 23 00.
Transtur Autovermietung, Hotel Colony, Isla de la Juventud, Tel.: 0 61/33 52 12.
Transautos, Hotel Tryp Cayo Coco Club, Tel.: 0 33/30 13 11.
Transautos und **Havanautos,** beide im Hotel Colony, Isla de la Juventud, Tel.: 0 61/9 82 82.

Reisetips

Touristen-Information

Cubatur ist die staatliche Fremdenverkehrsgesellschaft. Hinter den Namen **Gran Caribe, Horizontes** und **Cubanacan** verbergen sich Hotelketten, **Transtur** heißt die staatliche Transportgesellschaft für Touristen, **Gaviota** und **Rumbos** sind Reiseagenturen. Die Touristen-Information liegt in der Hand des Touristenbüros **Infotur,** das 23 Büros unterhält. **Havanatur** ist eine der größten selbständigen Reiseagenturen des Landes.

Cubatur, Calle 23 Nr. 156, Vedado, Havanna, Tel.: 07/ 32 65 07, Fax: 07/33 33 30.
Infotur, Calle Obispo Nr. 252 zwischen Cuba und Aguiar, in der Altstadt von Havanna, Tel.: 07/61 15 44.
Havanatur S. A., Calle 2 Nr. 17 zwischen 1a und 3a, Miramar, Playa, Havanna, Tel.: 07/24 21 61 und 24 22 73, Fax: 07/24 26 01.
Cuban Airlines, Calle 23 Nr. 64, Vedado, Havanna, Tel.: 07/33 49 49 und 33 49 50.
Transtur, Calle 19 Nr. 210, Vedado, Plaza de la Revolución, Havanna, Tel.: 07/33 84 49,

Fax: 07/33 96 83.
Versicherungsträger der Tourismusindustrie ist die staatliche Organisation **Asistur.** Prado Nr. 254, Havannas Altstadt, Tel.: 62 55 19 und 63 82 84.

Kubanisches **Fremdenverkehrsbüro,** An der Hauptwache 7, 60313 Frankfurt, Tel.: 0 69/28 83 22–23, Fax: 0 69/29 66 64.

Kubanische Botschaften:
Kennedyallee 22–24
D-53175 Bonn

Himmelhofgasse 40
A-1140 Wien

Gesellschaftsstr. 8
CH-3012 Bern

Botschaften in Kuba:
Deutschland: Calle 28 Nr. 313, zwischen Avenida 3 und 5, Miramar, Havanna, Tel.: 07/33 25 69, Fax: 07/33 15 86.
Österreich: Calle 4 Nr. 101, zwischen 1 und 3, Miramar, Havanna, Tel.: 07/33 23 94 und 33 28 25; Fax: 07/33 12 35.
Schweiz: Quinta Avenida Nr. 2005, zwischen 20 und 22, Miramar Playa, Havanna,

Tel.: 07/33 27 29 und 33 29 89, Fax: 07/33 11 48.

Einreisebestimmungen

Bei der Einreise nach Kuba sind ein noch sechs Monate gültiger Reisepaß sowie eine Touristenkarte bzw. ein gültiges Visum für Geschäftsreisen vorzulegen. Touristenkarten sind bei den kubanischen Botschaften und bei Reiseveranstaltern erhältlich. Nachweis und Dokumente müssen bei der Einreise in Ordnung sein, und jeder Besucher benötigt eine Ausreiseerlaubnis. Mitgeführte Devisen sind zu deklarieren. Die internationale Flughafengebühr beträgt 15–20 US-Dollar – prüfen Sie nach, ob sie im Flugpreis schon enthalten ist.

Zollbestimmungen

Persönliche Gegenstände dürfen zollfrei eingeführt werden, doch elektronische Tonaufnahmegeräte und Videokameras sind bei der Einreise zu deklarieren. Das Formular wird nur stichprobenartig kontrolliert. Zollfrei mitnehmen dürfen Sie außerdem zwei Flaschen mit alkoholischen Getränken sowie 200 Zigaretten oder 50 Zigarren.

Impfungen

Nur Einreisende aus Cholera- und Gelbfiebergebieten müssen einen entsprechenden Impfnachweis vorlegen. Prüfen Sie zu Ihrem persönlichen Schutz Ihren Impfstatus in bezug auf Typhus, Tetanus, Polio und Hepatitis-B.

Anreise

Luftweg: Kubas nationale Fluggesellschaft Cubana de Aviación und die spanische Iberia teilen den europäischen Linienflugverkehr unter sich auf. Die Charterfluggesellschaften Condor, LTU und Martinair fliegen nach Varadero. Zwischen Kuba und den USA gibt es keine Flugverbindung.
Seeweg: Einen planmäßigen Fährverkehr nach Kuba gibt es nicht, und nur einige Kreuzfahrtschiffe unter der Flagge der ehemaligen Sowjetunion laufen regelmäßig kubanische Häfen an. Immer häufiger aber gehen private Jachten aus Übersee in Häfen wie Hemingway Marina westlich von Havanna vor Anker.

Reisegepäck

Leichte Kleidung und ein Schutz gegen gelegentliche Regenschauer gehören ebenso ins Gepäck wie ein Umhang oder eine dünne Jacke für abends, wenn die Temperaturen sinken. Als kleine Geschenke für unterwegs eignen sich Hefte und Schreibstifte, Seife, T-Shirts, Zahnpasta, Rasiermesser oder Süßigkeiten. Denken Sie an ein kleines spanisches Lexikon oder eine ähnliche Sprachhilfe. Als nützlich erwiesen haben sich Ersatzbatterien und

Taschenlampe. Ins Gepäck gehören auch eine gute Landkarte (empfohlen sei die Karte aus der Globetrotter-Serie) und genügend Filmmaterial.

Geld und Währung

Ausländische Besucher werden kaum Bedarf an Kubanischen Pesos (CUP) haben, da alle touristischen Einrichtungen und Touristengeschäfte nur US-Dollar oder die äquivalente Touristenwährung Convertible Peso (CP) annehmen. CP werden in Banknoten zu 1, 5, 10, 20 und 50 Pesos und in Münzen zu 5, 10, 25 und 50 Centavos ausgegeben. Ausländer erhalten nur diese Währung oder Dollar als Wechselgeld, denn die CP sind innerhalb Kubas dem Dollarkurs exakt gleichgesetzt. Bei der Ausreise können CP am Flughafen in US-Dollar zurückgetauscht werden. In manchen Hotels können nur Hotelgäste Fremdwährungen in US-Dollar oder CP wechseln.

Banköffnungszeiten: Mo–Fr 8.30–12 und 13.30–15 Uhr; Sa 8.30–10.30 Uhr; können sich aber von Ort zu Ort geringfügig unterscheiden.

Wechselstuben in Ferienanlagen haben häufig bis 19 oder 20 Uhr geöffnet. Oft wechseln auch die Hausdienste des Hotels Fremdwährungen ein. Hotels, Restaurants und Geschäfte in den Touristengebieten akzeptieren gängige Kreditkarten und Reiseschecks, nicht jedoch solche, die auf USA-Banken ausgestellt sind (auch American Express nicht)!

FEIERTAGE

Lokale Feste und Feierlichkeiten können regional als offizielle Feiertage begangen werden. Der Karneval in Havanna und Santiago de Cuba findet Ende Juli statt, andere Städte feiern ihren Karneval im Januar oder Februar. 1997 gilt ausnahmsweise der 25. Dezember als Weihnachtsfeiertag.

*1. Januar • Neujahrstag
(Jahrestag der Revolution)
2. Januar • Tag des Sieges
28. Januar •
Geburtstag von José Martí
24. Februar •
Revolutionsbeginn 1895
13. März •
Gedenktag an den Angriff auf den Präsidentenpalast
19. April •
Sieg in der Schweinebucht
*1. Mai • Tag der Arbeit
*25.–27. Juli •
Gedenktag an den Sturm auf die Moncada-Kaserne
30. Juli •
Gedenktag an die Märtyrer der Revolution
8. Oktober •
Todestag Che Guevaras
*10. Oktober •
Jahrestag zum Beginn des Unabhängigkeitskrieges
27. November •
Tag der studentischen Märtyrer
2. Dezember •
Landung der Jacht *Granma*
7. Dezember •
Todestag Antonio Maceos.

* offizieller Feiertag in ganz Kuba

Es gibt keine Faustregel für **Trinkgelder;** halten Sie einfach etwas Kleingeld für Kofferträger, Kellner, Hotelangestellte oder Taxifahrer bereit.

Übernachten

Unterkünfte können von sehr unterschiedlichem Standard sein. Kubas größtes und populärstes Touristenzentrum ist das östlich von Havanna in der Provinz Matanzas gelegene Varadero an der Nordküste. Andere Touristengebiete sind die Strände östlich von Havanna, Playa Santa Lucía, die Sandinseln vor der Küste der Provinz Ciego de Ávila, Playa Guardalavaca in der Provinz Holguín und der lange südliche Küstenstrich bei Santiago de Cuba.

Zahlreiche Hotels in den Touristengebieten sind Joint Ventures zwischen Kuba und Argentinien, Brasilien, Kanada, Deutschland, Spanien oder Frankreich und bieten deshalb den im Westen gewohnten Standard. Der Standard rein kubanischer Hotels und Gästehäuser hat sich in jüngster Zeit stark verbessert und kann sich durchaus mit dem internationaler Hotels messen.

Restaurants

In allen Städten, größeren Orten und Feriengebieten gibt es Cafés und Restaurants. Während in den Touristengebieten alle Richtungen der internationalen Küche vertreten sind, können in abgelegenen Gebieten ein Sandwich, eine Pizza oder ein Hamburger die einzige Wahl sein. Restaurants in Feriengebieten und besseren Hotels können teuer sein.

Hingegen unterhalten viele Kubaner in den Vorderzimmern ihrer Häuser kleine Restaurants mit Garküchencharakter, die in der Regel sauber, effizient und preiswert sind und zudem die Möglichkeit bieten, Einheimische zu treffen.

Transport

Straße: Das über 30 000 km lange Straßennetz ist durch die Ende 1989 fertiggestellte vierspurige Schnellstraße von Matanzas nach Playa Varadero und die neue Dammstraße zwischen der Provinz Ciego de Ávila und Cayo Coco ausgeweitet und verbessert worden. In absehbarer Zeit wird eine neue, 200 km lange Schnellstraße an der Küste der Provinz Santiago de Cuba entlangführen.

Die sechsspurige Autobahn Carretera Central zieht sich auf einer Länge von 1 200 km

STRASSENSCHILDER
autopista • Autobahn
camino cerrado • Straße gesperrt
ceda el paso • Vorfahrt achten
circuvalación • Umgehungsstraße
cruce • Kreuzung
cuidado • Achtung
curva peligrosa • gefährliche Kurve
derecha • rechts
derecho • geradeaus
dirección única • Einbahnstraße
izquierda • links
no adelantar • Überholverbot
no parqueo • Parkverbot
pare • Stop
parqueo • Parkplatz
reduzca velocidad • Geschwindigkeit reduzieren
salida • Ausfahrt
semáforo • Verkehrsampel
servicentro • Werkstatt

von Pinar del Río im Westen bis nach Santiago de Cuba im Südosten quer durch die Insel.

Der **Autoverleih** mit und ohne Chauffeur ist gut strukturiert. Mietwagenmarken sind VW, Scania, Nissan und Mercedes. Viele Kubaner fahren noch alte amerikanische Limousinen aus den 1950er Jahren – wenn es Benzin gibt. Ochsen- und Pferdekarren sowie Fahrradtransporte gehören zum Straßenbild.

Das internationale Transportunternehmen Havanatur S. A. ist in Autoverleih, Busvermietung und Charterverkehr führend. Auch Busse des nationalen Transportunternehmens Transtur befördern Touristen.

Geschwindigkeitskontrollen sind häufig, und für zu schnelles Fahren oder die Mißachtung von Verkehrszeichen sind auf der Stelle Bußgelder zu entrichten. Eine Gurtpflicht besteht nicht. Das Führen von Fahrzeugen im alkoholisierten Zustand wird mit einer Gefängnisstrafe geahndet.

Schiene: Kubas Eisenbahnnetz ist das altmodischste Amerikas. Das 150 Jahre alte Schienennetz hat eine Länge von 14 640 km – 5 300 km für den Personenverkehr und 9 340 km für die Zuckerindustrie und andere Wirtschaftszweige. Der Personenverkehr ist langsam und umständlich, so daß sich nur wenige Reisende für dieses Verkehrsmittel entscheiden.

Luftverkehr: Die meisten größeren Städte können durch Inlandsflüge erreicht werden. Flüge innerhalb Kubas sind preiswert.

Öffnungszeiten

Büros öffnen im allgemeinen von 8.30–12 Uhr und nachmittags von 13/14–16.30 Uhr. Auf Dollarbasis abrechnende Geschäfte, Supermärkte in Feriengebieten und die Geschäfte in Havanna öffnen gewöhnlich von 10–19 Uhr.

Telefon, Fax, Post

Das inländische Postsystem ist recht langsam, so daß Karten nach Europa je nach Absendeort vier bis sechs Wochen unterwegs sein können. Um ins Ausland zu telefonieren, wählt man zuerst die 119, dann für Deutschland die 49, für Österreich die 43 oder für die Schweiz die 41. Die Null vor der Ortsvorwahl fällt weg.

Jede Stadt hat ein Postamt, doch auch Hotelrezeptionen sowie Touristen- und Souvenirgeschäfte, die Postkarten verkaufen, halten Briefmarken bereit. Briefkästen gibt es in fast allen Hotellobbys.

Ortsgespräche erfolgen über Direktwahl, Fern- und Überseegespräche schalten das Fernmeldeamt oder Hotel. Die meisten Hotels haben Telex, Fax und einen Telegrammdienst. Kubas internationale Vorwahl lautet 00 53.

Elektrizität

Die Stromspannung für Reisebügeleisen, Haartrockner und Rasierapparate beträgt im allgemeinen 110 Volt, und die Anschlüsse entsprechen meistens der amerikanischen Norm (flache, in Ausnahmefällen runde Doppelstiftstecker). Nur selten beträgt die Spannung für Elektrorasierer

220–240 Volt. Lampen haben eher Schraub- als Bajonettverschlüsse. Es empfiehlt sich zur Sicherheit die Mitnahme eines Adapters.

Maße und Gewichte

In Kuba gelten das metrische System und die international verbreiteten Maßeinheiten. Entfernungen können sowohl in Kilometern als auch in Meilen angegeben sein.

Ortszeit

MEZ minus sechs Stunden. Kuba richtet sich im Winter nach der Eastern Standard Time, im Sommer nach der Daylight Saving Time.

Gesundheitsvorsorge

Die häufigsten Urlauberbeschwerden sind Sonnenbrand und Austrocknung. Mit Salztabletten und ausreichenden Mengen alkoholfreier Getränke läßt sich den Auswirkungen zu hoher Sonnenbestrahlung entgegenwirken, doch unerläßlich ist vor allem ein hochwertiges Sonnenschutzmittel. Auch ein antiseptisches Mittel gehört in die Reiseapotheke, um eventuelle

Bisse, Stiche, Kratzer oder Schnitte an scharfkantigen Korallenriffen behandeln zu können. Da der Magen empfindlich auf die ungewohnte Küche reagieren kann, empfiehlt sich die Mitnahme eines Durchfallmittels. Die meisten gängigen Medikamente sind in den *farmacias* erhältlich.

In einigen Gebieten ist gefiltertes **Wasser** trinkbar, doch überall (und erst recht in den Geschäften und Supermärkten der Touristenzentren) ist abgefülltes Mineralwasser erhältlich, dessen Genuß unbedenklich ist. Obst und rohes Gemüse sollten unbedingt gründlich gewaschen oder geschält werden.

Medizinische Versorgung

Der Gesundheitsstandard der kubanischen Bevölkerung und die medizinischen Einrichtungen des Landes gehören zu den besten Lateinamerikas. Medizinische Soforthilfe ist kostenfrei, für die weitere Behandlung und Ausstellung von Rezepten ist eine geringe Gebühr zu entrichten. Sie werden nirgends weit von der

SACHBÜCHER ZUM THEMA

- Betto, Frei *Nachtgespräche mit Fidel* Freiburg (CH), 1986.
- Burchardt, Hans-Jürgen *Kuba, der lange Abschied von einem Mythos* Stuttgart, 1996.
- Fuentes, Norberto *Ernest Hemingway, Jahre in Kuba* Hamburg, 1987.
- Greiner, Bernd *Kuba-Krise* Noerdlingen, 1988.
- Guevara, Ernesto Che *Latinoamericana* Köln, 1994; und *Eroberung der Hoffnung* (Tagebücher 12/56–2/57) Unkel/Rhein, 1997.
- Habel, Janette *Kuba, Gesellschaft im Übergang* Köln, 1997
- Hetmann, Frederik *Preis der Freiheit* Weinheim, 1984.
- Marti, José *Mit Feder und Machete* Berlin, 1986.
- Schreiner, Claus *Música Latina: Musikfolklore zwischen Kuba und Feuerland* Frankfurt/M., 1982.

nächsten Klinik oder einer Außenstelle des Roten Kreuzes (Cruz Roja) entfernt sein. Regelmäßig einzunehmende Medikamente sollten in ausreichender Menge mitgebracht werden. Hygieneartikel für Frauen sind in Hotelshops erhältlich, ebenso Kondome – dennoch sei empfohlen, diese Artikel bereits mitzubringen. Arzt heißt auf spanisch *médico*.

Sicherheit

Aufgrund der harten Strafen, die Missetäter zu erwarten haben, ist Kuba nahezu frei von Kriminalität. Dennoch treiben sich in den Touristenzentren, wo viele Ausländer anzutreffen sind (wie in Havannas Altstadt), Gelegenheitsdiebe herum. Achten Sie auf Ihre Wert-

---

BELLETRISTIK ZUM THEMA

• Barnet, Miguel
Ein Kubaner in New York
Frankfurt/M.,1990.
• Buckley, William F.
See you later, Alligator
Frankfurt/M., 1986.
• Cabrera Infante,
Guillermo
Drei traurige Tiger
Frankfurt/M., 1987.
• Carpentier, Alejo
Barockkonzert (Novelle)
Frankfurt/M.,1987.
• García, Cristina
Träumen auf Kubanisch
Frankfurt/M., 1994.
• Greene, Graham
Unser Mann in Havanna
Wien, 1959.
• Hijnelos, Oscar *Unser
Haus in der letzten Welt*
Frankfurt/M., 1992.
• Pereira, Manuel *Veneno*
Weinheim, 1980.

---

sachen. Nachts sollten Sie nicht durch die Straßen von Havannas Altstadt oder die Seitenstraßen im Zentrum spazieren – weniger wegen der Gefahr eines Überfalls als wegen der Schlaglöcher auf den unbeleuchteten Straßen. In den meisten Touristengebieten gibt es eine Touristenpolizei.

Notfälle

Polizei: Telefon 106, Feuerwehr: Telefon 115. Die Rufnummern für medizinische Hilfe sind von Distrikt zu Distrikt unterschiedlich. Verlassen Sie sich im Zweifel nicht auf das Telefon.

Verhaltensregeln

Kubaner reden einander mit den Worten *compañero* oder *compañera* (Kamerad/in) an und begrüßen sich mit Handschlag oder Umarmung. Als Fremder sollte man sich an die Anredeformen *Señor, Señora* oder *Señorita* halten. Im Berufs- und Geschäftsleben sollte man den Titel nicht übergehen.

Sprache

Kubas Landessprache ist Spanisch, doch viele Kubaner – besonders in den Städten – sprechen auch Englisch. Die Mitnahme eines Sprachführers ist empfehlenswert, ein kurzer Spanischkurs vor der Reise äußerst nützlich. Das kubanische Spanisch ist jedoch mehr lateinamerikanischer als kastilischer Prägung. Viele Wörter unterscheiden sich sehr von der spanischen Hochsprache. Oft entfallen die Endungen der Wörter, und umgangssprachliche Begriffe überwiegen.

KLEINER SPRACHFÜHRER

DEUTSCH • SPANISCH
Frühstück • Desayuno
Mittagessen • Comida
(de Mediodía)
Abendessen • Cena
Wie teuer? •
Cuánto vale?
Preis • Precio
Guten Morgen • Buenos
días
Guten Tag • Buenas tardes
Gute Nacht • Buenas
noches
keine Ursache • de nada
Auf Wiedersehen • adiós
Willkommen • bienvenido
bitte • por favor
danke • gracias
gut • bueno
ja • sí
nein • no
geschlossen • cerrado
geöffnet • abierto
Toilette • Servicios/Baño

Toiletten: *Señores* oder
Caballeros für Herren,
Señoras oder *Damas* für
Damen.

Individualreisen

Individualreisende können sich in Kuba frei bewegen, ausgenommen sind nur wenige Sperrgebiete. Neue Unterkunftsmöglichkeiten und Campingplätze sowie die hilfreiche Unterstützung der Mitarbeiter von Cubatur haben Individualreisen in Kuba zu einer attraktiven Alternative gemacht.

Spezialreisen

Es gibt Programme mit Vogelbeobachtungen, Tauchen, Hochseefischen und Angeln an Binnenseen sowie Ausflüge mit architektonischen oder botanischen Führungen.

Register